아이가 완밥하는
솥밥 유아식

비비안밥(이지혜) 지음

책 활용법

"소아 전문 영양사의 꼼꼼한 감수를 받아, 안심하고 따라 할 수 있도록 했습니다."

이 책에 실린 모든 유아식 레시피는 전문 영양사의 감수를 거쳐, 아이의 성장 단계에 맞는 영양 밸런스를 고려해 구성했습니다. 특히 각 레시피에 사용한 재료의 영양소, 섭취 적절성, 조리 시 주의점까지 세심하게 검토했습니다. 초보 부모님도 안심하고 따라 할 수 있는 가이드가 될 것입니다.

미리 알려드립니다!

- 이 책의 레시피는 무염을 기준으로 합니다. 무염식을 기준으로 해 각자의 기호와 상황에 맞게 조금씩 간을 추가하세요. 엄마, 아빠는 양념장을 추가해도 좋아요.
- 솥밥 하나의 분량은 아이 1명과 부모님(성인 2명)이 넉넉하게 먹을 수 있는 한 끼 분량입니다. 각자의 양에 따라 가감해도 좋고, 소분해서 보관해도 좋아요.
- 각 재료의 크기는 아이의 기호에 따라 손질해주세요. 재료를 다질 때는 간편하게 초퍼를 사용해도 좋습니다.
- 모든 레시피에는 엑스트라 버진 올리브 오일을 사용했습니다.
- 1T은 15ml 기준 계량입니다.
- 인덕션이나 하이라이트를 사용하는 경우에는 23쪽을 참고해 불 세기를 조절하세요.
- 이유식 직후에는 물의 양을 50~100ml 정도로 넉넉히 잡아 진밥으로 해주면 좋아요.
- 알레르기를 유발할 수 있는 식품을 꼭 확인해주세요. 특히 아이가 처음 섭취하는 재료는 각별히 주의해주세요.

레시피에 사용하는 재료를 소개합니다.

알찬 정보가 가득한 요리, 편식 극복 팁을 소개합니다.

쏙쏙 숨겨서 먹이기 작전
파프리카 우엉 갈색 팽이버섯 솥밥

각 레시피의 재료 궁합 및 영양소를 설명합니다.

요리 초보도 쉽게 따라 할 수 있도록 과정을 자세하게 설명합니다.

아이들이 정말 잘 먹어요!

저자의 말

아이와 함께, 온 가족이 행복해지는 한 그릇의 힘

안녕하세요, 비비안밥 이지혜입니다. 처음 유아식을 시작했을 때, 저도 많이 힘들었어요. 아이에게 맞는 메뉴를 고민하고 준비하는 시간이 길어지다 보니 남편과 제 식사는 대충 때우기 일쑤였죠. 하지만 그렇게 많은 고민과 시간을 들여 차린 밥상을 아이가 외면하는 일이 많았습니다. 그릇에 고스란히 남은 음식을 치우는 일이 늘어날수록 허탈감과 함께 점점 지쳐가는 것을 느끼곤 했어요. 많은 엄마들이 이런 상황을 겪었을 것이라고 생각합니다.

그러다 문득 '아이만을 위한 밥이 아니라, 온 가족이 함께 건강하게 먹을 수 있는 한 끼가 필요하다'라는 생각이 들었어요. 그런 생각을 바탕으로 방법을 고민하다 떠올린 것이 바로 유아식 솥밥입니다. 직접 해보니 이보다 좋은 방법이 없었어요. 특별한 재료 없이도 온 가족이 즐길 수 있는 건강하고 맛있는 한 끼가 되어주었죠. 그렇게 저에게 솥밥은 단순히 배를 채우는 음식이 아니라, 가족의 행복을 채우는 시간이 되었어요.

ⓒ 우리의 식탁

유아식 솥밥을 시작하고 하루에도 수십 건씩 쏟아지는 DM을 통해 밥태기와 편식 때문에 고민하는 사람들의 이야기를 접하며 확신하게 되었죠. '이건 나만의 고민이 아니구나, 모든 육아 동지가 같은 마음으로 아이 밥상을 고민하고 있구나' 하고요. 그래서 메뉴 고민을 덜어주고, 따뜻한 한 그릇으로 아이와 가족의 건강, 그리고 행복을 지킬 수 있도록 돕고 싶어 유아식 솥밥 레시피 책을 만들게 되었습니다.

정성이 담긴 한 끼에는 단순히 아이의 배를 채우는 것 이상의 의미가 있어요. 부모님들은 바쁜 일상에서 식사를 준비하는 것에 부담감을 느끼기도 하고, 편식하는 아이 때문에 걱정할 때도 있죠. 하지만 그 한 끼, 그 소박한 순간이 아이의 몸과 마음에 큰 영향을 미친다는 사실을 기억해주세요. 아이와 식탁에 앉아 함께하는 시간은 단순히 영양을 제공하는 것을 넘어, 사랑을 나누는 시간이에요. 가족이 둘러앉아 함께 먹는 식사는 아이에게 소중한 추억을 선물하고, 부모님들에게도 마음을 가볍게 해주는 기회가 될 수 있죠. "잘 먹었습니다"라며 웃는 아이의 얼굴이 부모님들에게 얼마나 큰 힘이 되는지 누구보다 잘 알 거예요. 그 웃음이 바로 음식이 주는 진짜 힘이죠.

부모님들은 아이가 밥을 잘 안 먹으면 자책감을 느끼기도 해요. '오늘은 아이가 잘 안 먹었네', '내가 더 잘 만들었어야 했는데' 하는 생각도 들고요. 하지만 그런 고민이 쌓여 아이에게 더 나은 식습관과 행복을 주고 싶다는 마음으로 이어진다는 사실을 잊지 마세요. 한 끼의 힘은 바로 그 마음에서 시작되니까요. 그리고 완벽할 필요가 없다는 사실도 잊지 마세요. 아이가 잘 먹지 않거나 편식을 한다고 해서 자책할 필요 없어요. 천천히, 조금씩, 아이가 자연스럽게 음식을 좋아하고 건강하게 자라도록 하는 시간이 가장 중요한 거예요. 그런 생각으로 모든 부모님들이 자신을 조금 더 위로하고 응원해줬으면 좋겠어요. 우리 모두가 그런 작은 노력으로 더 많은 행복을 만들어가고 있음을 믿어요.

특히 워킹맘은 식사 준비에 부담감을 느낄 때가 많다는 걸 잘 알아요. 그럴 때마다 편식하는 아이 때문에 걱정이 앞서기도 하죠. '오늘도 제대로 먹였나?' 하는 마음으로 하루를 마무리할 때, 그런 고민이 크고 무겁게 느껴질 수 있어요. 그렇지만 하루하루 정성 들여 밥을 하는 것만으로도 아이의 건강한 성장과 정서적 안정을 만든다고 생각하세요. 또 바쁜 하루를 살아가는 부모님들에게도 한 끼의 힘은 소중해요. 워킹맘이라면 특히 시간에 쫓기기 마련인데, 그럴 때일수록 솥밥 같은 간단하면서도 영양 가득한 음식을 온 가족이 함께 먹을 수 있다는 건 큰 축복이에요. 솥밥은 간단하게 만들 수 있지만, 그 안에 들어 있는 제철 식재료가 제공하는 맛과 영양, 그리고 가족의 따뜻한 사랑을 느끼는 순간 아이뿐 아니라 부모님도 큰 힘을 얻게 되죠. 맛있게 식사한 후 나를 보며 짓는 아이의 미소만큼 큰 보람은 없어요. 그러니 너무 자책하지 마세요. 정말 중요한 건 사랑이 담긴 한 끼를 나누는 거예요.

화려하지 않아도 괜찮아요. 따뜻한 밥 한 그릇에도 부모의 사랑이 가득 담겨 있고, 정성껏 차린 소소한 한 끼가 훗날 아이에게 가장 큰 힘이 될 거예요. 저의 레시피를 통해 따뜻한 밥 한 그릇으로 사랑을 전하며, 건강하고 행복하게 아이를 키워가는 우리 모두의 시간이 가장 빛나는 순간으로 기억되길 바랍니다. 우리 모두 함께 행복하고 건강한 식탁을 만들어가요.

목차

저자의 말 • 004

솥밥 유아식을 해야 하는 이유 • 018

솥밥 유아식 시작하기 • 020

자주 쓰는 식재료 • 024

재료별 완밥 TIP • 028

솥밥 유아식 Q&A • 033

솥밥으로 밥태기 극복한 엄마들의 찐 후기 • 038

PART 1

채소 편식하는 아이도 잘 먹는 솥밥 레시피

파프리카 톳 솥밥 • 042

파프리카 우엉 갈색 팽이버섯 솥밥 • 044

파프리카 닭 안심 솥밥 • 046

파프리카 두부 솥밥 • 048

브로콜리 연두부 솥밥 • 050

브로콜리 옥수수 버터 솥밥 • 052

브로콜리 새우 양파 솥밥 • 054

브로콜리 소고기 솥밥 • 056

브로콜리 토마토 버섯 솥밥 • 058

가지 새우 솥밥 • 060

가지 토마토 솥밥 • 062

가지 들깨 솥밥 • 064

가지 애호박 솥밥 • 066

가지 갈색 팽이버섯 솥밥 • 068

버섯 들깨 솥밥 • 070

버섯 우엉 솥밥 • 072

버섯 두부 솥밥 • 074

버섯 톳 솥밥 • 076

당근 감자 솥밥 • 078

당근 단호박 솥밥 • 080

당근 새우 솥밥 • 082

당근 톳 솥밥 • 084

당근 우엉 솥밥 • 086

특별식

당근 감자 닭죽 • 088

토마토 양파 솥밥 • 090

토마토 두부 솥밥 • 092

토마토 새우 솥밥 • 094

특별식
토마토 라구 소스 • 096

양배추 단호박 새우 솥밥 • 098

양배추 달걀 버터 솥밥 • 100

양배추 우엉 버섯 솥밥 • 102

양배추 고구마 솥밥 • 104

무 솥밥 • 106

무 콩나물 솥밥 • 108

무 표고버섯 솥밥 • 110

무 들깨 솥밥 • 112

무 톳 솥밥 • 114

PART 2
고기 편식하는 아이도 잘 먹는 솥밥 레시피

소고기 두부 솥밥 • 118

소고기 옥수수 솥밥 • 120

소고기 표고버섯 솥밥 • 122

소고기 콩나물 솥밥 • 124

소고기 미역 무 솥밥 • 126

소고기 시래기 솥밥 • 128

소고기 우엉 톳 솥밥 • 130

소고기 가지 우엉 솥밥 • 132

소고기 연근 우엉 솥밥 • 134

소고기 새우 떡갈비 솥밥 • 136

소고기 매생이 양파 솥밥 • 138

소고기 시금치 감자 솥밥 • 140

돼지고기 감자 솥밥 • 142

돼지고기 우엉 솥밥 • 144

돼지고기 두부 솥밥 • 146

돼지고기 갈색 팽이버섯 솥밥 • 148

돼지고기 고사리 솥밥 • 150

돼지고기 부추 솥밥 • 152

돼지고기 가지 솥밥 • 154

닭 안심 단호박 솥밥 • 156

닭 안심 양배추 새우 솥밥 • 158

닭 안심 매생이 솥밥 • 160

닭 안심 우엉 당근 솥밥 • 162

닭 안심 파프리카 갈색 팽이버섯 솥밥 • 164

닭 안심 감자 솥밥 • 166

특별식
닭 안심 콩나물 진밥 • 168

특별식
닭곰탕 • 170

특별식
닭 안심 파프리카 전 • 172

오리 양배추 부추 솥밥 • 174

오리 단호박 솥밥 • 176

PART 3

생선 & 해산물 편식하는 아이도 잘 먹는 솥밥 레시피

가자미 감자 솥밥 • 180

고등어 곤드레 감자 솥밥 • 182

삼치 우엉 솥밥 • 184

연어 양파 솥밥 • 186

금태 솥밥 • 188

대구 무 솥밥 • 190

전복 내장 솥밥 • 192

대게 솥밥 • 194

문어 톳 솥밥 • 196

오징어 토마토 솥밥 • 198

오징어 갈색 팽이버섯 솥밥 • 200

미역 무 표고버섯 솥밥 • 202

미역 전복 솥밥 • 204

황태 무 갈색 팽이버섯 솥밥 • 206

멸치 감자 솥밥 • 208

매생이 새우 솥밥 • 210

새우 연근 솥밥 • 212

새우 애호박 완자 • 214

수제 어묵 • 216

PART 4

사계절 영양을 듬뿍 섭취할 수 있는 솥밥 레시피

냉이 소고기 솥밥 • 220

냉이 관자 솥밥 • 222

취나물 감자 솥밥 • 224

미나리 소고기 솥밥 • 226

곤드레 오징어 솥밥 • 228

곤드레 감자 솥밥 • 230

고사리 들깨 솥밥 • 232

시래기 고구마 솥밥 • 234

마늘종 돼지고기 솥밥 • 236

완두콩 솥밥 • 238

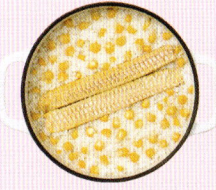
초당옥수수 솥밥 • 240

밤 솥밥 • 242

대하 솥밥 • 244

뿌리채소 톳 솥밥 • 246

냉장고 속 재료로 만드는 솥밥 유아식

우엉

파프리카 우엉 갈색 팽이 솥밥	044
버섯 우엉 솥밥	072
당근 우엉 솥밥	086
양배추 우엉 버섯 솥밥	102
소고기 우엉 톳 솥밥	130
소고기 가지 우엉 솥밥	132
소고기 연근 우엉 솥밥	134
돼지고기 우엉 솥밥	144
닭 안심 우엉 당근 솥밥	162
닭 안심 콩나물 진밥	168
오리 양배추 부추 솥밥	174
삼치 우엉 솥밥	184
뿌리채소 톳 솥밥	246

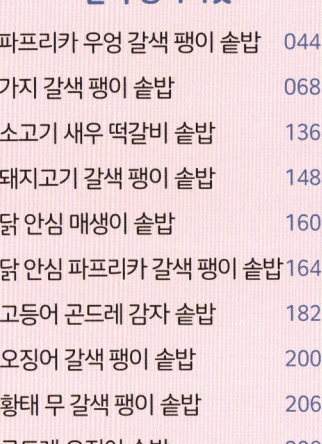

갈색 팽이버섯

파프리카 우엉 갈색 팽이 솥밥	044
가지 갈색 팽이 솥밥	068
소고기 새우 떡갈비 솥밥	136
돼지고기 갈색 팽이 솥밥	148
닭 안심 매생이 솥밥	160
닭 안심 파프리카 갈색 팽이 솥밥	164
고등어 곤드레 감자 솥밥	182
오징어 갈색 팽이 솥밥	200
황태 무 갈색 팽이 솥밥	206
곤드레 오징어 솥밥	228

파프리카

파프리카 톳 솥밥	042
파프리카 우엉 갈색 팽이 솥밥	044
파프리카 닭 안심 솥밥	046
파프리카 두부 솥밥	048
닭 안심 파프리카 갈색 팽이 솥밥	164
닭 안심 파프리카 전	172

버섯

버섯 들깨 솥밥	070
버섯 우엉 솥밥	072
버섯 두부 솥밥	074
버섯 톳 솥밥	076
양배추 우엉 버섯 솥밥	102
냉이 소고기 솥밥	220
냉이 관자 솥밥	222
취나물 감자 솥밥	224

무

무 솥밥	106
무 콩나물 솥밥	108
무 표고버섯 솥밥	110
무 들깨 솥밥	112
무 톳 솥밥	114
소고기 미역 무 솥밥	126
대구 무 솥밥	190
미역 무 표고버섯 솥밥	202
황태 무 갈색 팽이 솥밥	206

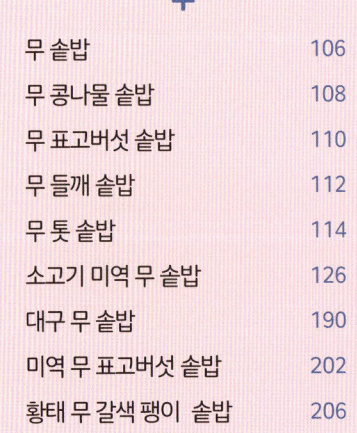

감자

당근 감자 솥밥	078
당근 감자 닭죽	088
소고기 시금치 감자 솥밥	140
돼지고기 감자 솥밥	142
닭 안심 감자 솥밥	166
가자미 감자 솥밥	180
고등어 곤드레 감자 솥밥	182
멸치 감자 솥밥	208
취나물 감자 솥밥	224
곤드레 감자 솥밥	230

두부
파프리카 두부 솥밥	048
브로콜리 연두부 솥밥	050
버섯 두부 솥밥	074
토마토 두부 솥밥	092
소고기 두부 솥밥	118
돼지고기 두부 솥밥	146
수제 어묵	216

고구마
양배추 고구마 솥밥	104
시래기 고구마 솥밥	234

가지
가지 새우 솥밥	060
가지 토마토 솥밥	062
가지 들깨 솥밥	064
가지 애호박 솥밥	066
가지 갈색 팽이 솥밥	068
소고기 가지 우엉 솥밥	132
돼지고기 가지 솥밥	154

단호박
당근 단호박 솥밥	080
양배추 단호박 새우 솥밥	098
닭 안심 단호박 솥밥	156
오리 단호박 솥밥	176

표고버섯
무 표고버섯 솥밥	110
소고기 표고버섯 솥밥	122
소고기 미역 무 솥밥	126
미역 무 표고버섯 솥밥	202

토마토
브로콜리 토마토 버섯 솥밥	058
가지 토마토 솥밥	062
토마토 양파 솥밥	090
토마토 두부 솥밥	092
토마토 새우 솥밥	094
오징어 토마토 솥밥	198

당근
당근 감자 솥밥	078
당근 단호박 솥밥	080
당근 새우 솥밥	082
당근 톳 솥밥	084
당근 우엉 솥밥	086
당근 감자 닭죽	088
토마토 라구 소스	096
닭 안심 우엉 당근 솥밥	162
전복 내장 솥밥	192
대게 솥밥	194
문어 톳 솥밥	196
수제 어묵	216
뿌리채소 톳 솥밥	246

애호박
가지 애호박 솥밥	066
당근 감자 닭죽	088
토마토 라구 소스	096
닭 안심 콩나물 진밥	168
대게 솥밥	194
새우 애호박 완자	214
수제 어묵	216

양배추
양배추 단호박 새우 솥밥	098
양배추 달걀 버터 솥밥	100
양배추 우엉 버섯 솥밥	102
양배추 고구마 솥밥	104
닭 안심 양배추 새우 솥밥	158
오리 양배추 부추 솥밥	174

브로콜리

브로콜리 연두부 솥밥	050
브로콜리 옥수수 버터 솥밥	052
브로콜리 새우 양파 솥밥	054
브로콜리 소고기 솥밥	056
브로콜리 토마토 버섯 솥밥	058

톳

파프리카 톳 솥밥	042
버섯 톳 솥밥	076
당근 톳 솥밥	084
무 톳 솥밥	114
소고기 우엉 톳 솥밥	130
문어 톳 솥밥	196
뿌리채소 톳 솥밥	246

고사리

돼지고기 고사리 솥밥	150
고사리 들깨 솥밥	232

시래기

소고기 시래기 솥밥	128
시래기 고구마 솥밥	234

곤드레

고등어 곤드레 감자 솥밥	182
곤드레 오징어 솥밥	228
곤드레 감자 솥밥	230

연근

소고기 연근 우엉 솥밥	134
새우 연근 솥밥	212
뿌리채소 톳 솥밥	246

냉이

냉이 소고기 솥밥	220
냉이 관자 솥밥	222

부추

돼지고기 부추 솥밥	152
오리 양배추 부추 솥밥	174
가자미 감자 솥밥	180

콩나물

무 콩나물 솥밥	108
소고기 콩나물 솥밥	124
닭 안심 콩나물 진밥	168

옥수수

브로콜리 옥수수 버터 솥밥	052
소고기 옥수수 솥밥	120
초당옥수수 솥밥	240

소고기

브로콜리 소고기 솥밥	056
토마토 라구 소스	096
소고기 두부 솥밥	118
소고기 옥수수 솥밥	120
소고기 표고버섯 솥밥	122
소고기 콩나물 솥밥	124
소고기 미역 무 솥밥	126
소고기 시래기 솥밥	128
소고기 우엉 톳 솥밥	130
소고기 가지 우엉 솥밥	132
소고기 연근 우엉 솥밥	134
소고기 새우 떡갈비 솥밥	136
소고기 매생이 양파 솥밥	138
소고기 시금치 감자 솥밥	140
냉이 소고기 솥밥	220
미나리 소고기 솥밥	226

닭고기

파프리카 닭 안심 솥밥	046
당근 감자 닭죽	088
닭 안심 단호박 솥밥	156
닭 안심 양배추 새우 솥밥	158
닭 안심 매생이 솥밥	160
닭 안심 우엉 당근 솥밥	162
닭 안심 파프리카 갈색 팽이 솥밥	164
닭 안심 감자 솥밥	166
닭 안심 콩나물 진밥	168
닭 안심 파프리카 전	172

돼지고기

돼지고기 감자 솥밥	142
돼지고기 우엉 솥밥	144
돼지고기 두부 솥밥	146
돼지고기 갈색 팽이 솥밥	148
돼지고기 고사리 솥밥	150
돼지고기 부추 솥밥	152
돼지고기 가지 솥밥	154
마늘종 돼지고기 솥밥	236

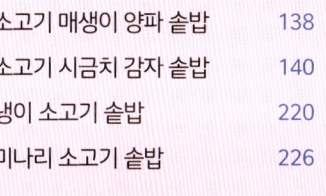

새우

브로콜리 새우 양파 솥밥	054
가지 새우 솥밥	060
당근 새우 솥밥	082
토마토 새우 솥밥	094
양배추 단호박 새우 솥밥	098
소고기 새우 떡갈비 솥밥	136
닭 안심 양배추 새우 솥밥	158
매생이 새우 솥밥	210
새우 연근 솥밥	212
새우 애호박 완자	214
수제 어묵	216

오리

오리 양배추 부추 솥밥	174
오리 단호박 솥밥	176

오징어

오징어 토마토 솥밥	198
오징어 갈색 팽이 솥밥	200
곤드레 오징어 솥밥	228

매생이

소고기 매생이 양파 솥밥	138
닭 안심 매생이 솥밥	160
매생이 새우 솥밥	210

전복

전복 내장 솥밥	192
미역 전복 솥밥	204

건미역

소고기 미역 무 솥밥	126
미역 무 표고버섯 솥밥	202
미역 전복 솥밥	204

솥밥 유아식을 해야 하는 이유

많은 부모님들이 요리를 어렵게 느끼곤 하죠. 특히 유아식으로 솥밥을 한다고 생각하면 '어떻게 시작해야 할까?', '아이에게 필요한 영양을 모두 챙길 수 있을까?' 하는 걱정이 생깁니다. 하지만 안심하세요. 솥밥 유아식은 생각보다 훨씬 간단하고, 그 속에는 아이에게 꼭 필요한 영양이 가득 담겨 있습니다.

1. 솥밥은 재료 본연의 맛을 살리면서 아이의 편식을 해결할 수 있어요.

솥밥은 다양한 재료가 함께 조리되면서 풍미가 어우러져, 아이가 평소 싫어하던 재료도 맛있게 먹을 수 있도록 해주죠. 밥태기를 극복하고 균형 잡힌 식습관을 형성하는 데 큰 도움을 줍니다. 그리고 솥밥은 전기밥솥으로 만든 밥보다 더 많은 영양소를 보존하고, 재료 본연의 맛을 그대로 살려줍니다. 소화기관이 약한 아이는 물론 어른들도 소화가 잘됩니다.

2. 엄마가 먼저 지치지 않도록 힘을 주는 한 끼예요.

식판식을 하면서 매끼 3첩, 5첩 밥상을 차려주다 보면 결국 지치고, 마음까지 힘들어집니다. 열심히 만든 반찬인데 아이가 먹지 않는다면 정말 속상하죠. 유아식 솥밥은 이런 수고를 덜어주면서도 영양을 고루 챙길 수 있는 방법이에요. 정성스러운 한 끼는 아이와 가족을 위한 것이자, 나를 위한 것이기도 하죠. 솥밥은 바쁘게 요리할 필요 없이 여유롭게 준비하면서 아이와 함께하는 소중한 시간을 만들어가도록 해줍니다. 또 솥밥은 '지속 가능한 식사'입니다. 한 번에 많은 양을 만들어두고, 남은 밥을 활용해 여러 요리를 할 수 있어 매일 메뉴를 고민할 필요가 없어요. 남은 솥밥으로 김밥이나 주먹밥, 죽을 만들어 아이에게는 매일 다른 느낌을 줄 수 있고, 엄마도 쉽고 효율적으로 식사를 준비할 수 있습니다.

3. 요리 초보자도 만들 수 있는 근사한 한 끼예요.

요리가 서툴러도 걱정할 필요 없어요. 조금만 연습하면 누구나 손쉽게 맛있는 솥밥을 만들 수 있으니까요. 직접 솥밥을 짓다 보면 점차 그 과정에 익숙해지고 자신감을 얻게 될 거예요. 가장 중요한 점은 내가 직접 지은 밥에 대한 자부심과 자신감을 가질 수 있다는 것이에요. 온 가족이 잘 먹는 모습을 보면 자신감이 생기고, 점차 요리와 살림에 정이 붙게 될 거예요. 그에 더해 가족에게 따뜻한 사랑과 큰 행복을 선물하는 기회가 되죠.

4. 온 가족이 함께 행복하게 먹을 수 있어요.

솥밥은 특별한 재료 없이도 온 가족이 건강하고 맛있는 한 끼를 함께 즐길 수 있게 해줍니다. 아이를 먼저 챙기다 보면 남편과 내 밥은 대충 때우는 일상이 반복되죠. 바빠서 정신이 없다 보니 아이를 재우고 나서 배달음식으로 스트레스를 푸는 일도 잦아져요. 그럴 때 솥밥을 해보세요. 무염으로 만든 솥밥 한 그릇을 우선 아이에게 주고 엄마, 아빠는 양념장을 넣어 쓱쓱 비벼 먹으면 만족스러운 한 끼가 돼요. 식탁에 둘러앉아 솥밥을 먹다 보면 온 가족이 자연스럽게 건강하고 행복해져요.

5. 제철 식재료의 영양을 가득 섭취할 수 있어요.

제철 식재료는 자연이 주는 선물이에요. 가장 신선하고 맛있을 때 수확해 영양도 풍부하고 아이의 입맛을 북돋는 데 큰 도움이 됩니다. 또 계절마다 조금씩 달라지는 식탁은 아이에게 자연스러운 계절의 리듬과 변화를 느끼게 해줍니다. 영양가 높은 제철 식재료를 활용하고 싶지만, 어떻게 조리해야 할지 막막할 때가 있죠. 이럴 때도 솥밥이 좋은 선택입니다. 솥밥은 다양한 재료가 함께 조리되면서 자연스럽게 풍미가 어우러지고, 재료 본연의 맛을 제대로 살릴 수 있기 때문이에요.

솥밥 유아식 시작하기

솥밥은 만들기 어렵다고 생각하는 분이 많습니다. 하지만 각자 사용하는 솥에 맞는 기본 쌀밥 짓기 정도만 익히면 금방 솥밥 전문가가 될 수 있어요. 어떤 솥에 밥을 짓느냐에 따라서도 밥맛이 확연히 달라집니다. 다양한 솥 종류를 소개할게요.

STEP 1. 솥 고르기

1 무쇠 냄비

열 보존력 및 전달력이 뛰어나 고슬고슬하면서도 찰진 밥을 만들 수 있게 해줍니다. 시즈닝할 필요 없이 열이 균일하게 퍼져 밥이 골고루 익죠. 사용한 후 바로 세척하면 관리하기가 비교적 쉬워요.

2 돌솥

밥 향이 진해지고, 바닥이 잘 눌어붙어 누룽지 만들기 좋아요. 열전도율이 매우 좋아 한번 끓어오르면 쉽게 식지 않기 때문에 불, 시간 조절에 특히 신경을 많이 써야 해요.

3 법랑 냄비

잘 눌어붙지 않고 설거지하기 쉬워요. 뚜껑이 가벼워 밥 맛이 조금 아쉽다는 것이 단점이에요.

4 스테인리스 냄비

열전도가 균일하고 내구성이 높아 관리하기 편해요. 바닥이 얇으면 잘 눌어붙을 수 있으므로 통 5중 제품을 추천해요.

솥 크기 선택하기

밥을 지을 때 솥 용량의 70~80% 정도만 채워야 가장 맛있고 효율적으로 조리할 수 있습니다. 작은 솥은 한 끼 분량 요리에, 큰 솥은 찜이나 탕 등 다양한 요리를 할 때 활용하면 효율적입니다. 필요한 솥 크기를 참고해 가족 구성원에 맞는 크기를 선택해보세요.

1. 14cm(1~2인용) : 성인 1인분 + 어린이 1인분 / 1인 가구, 아이와 함께하는 간단한 식사
2. 18cm(2~3인용) : 성인 2~3인분 / 소규모 가족 식사, 다양한 반찬이 포함된 밥상
3. 22cm(3~5인용) : 성인 3~5인분 / 중간 규모 가족, 손님 초대
4. 24cm(4인 이상) : 성인 4인분 이상 / 대가족 식사, 손님 초대

STEP 2. 기본 쌀밥 짓기

누구나 쉽게 따라 할 수 있는 기본 쌀밥 짓기를 알려드릴게요. 솥밥이 처음이라면 기본 쌀밥부터 시작해보세요. 조리 시간과 물 양 조절에 익숙해질 수 있어요. 쌀 씻는 순간부터 뜸 들이기까지, 솥밥을 위한 모든 단계를 알려드릴게요. 자신 있게 도전해보세요.

1 쌀 씻기

쌀을 깨끗이 씻은 뒤, 물기를 완전히 제거하고 30분 이상 불려주세요.
TIP 쌀을 물에 담가놓으면 안 돼요. 쌀알에 물이 과하게 흡수되어 밥이 질거나 떡처럼 퍽퍽해질 수 있어요.

2 쌀과 물의 비율 잡기

기본 비율 쌀 1컵:물 1컵(1:1)을 지켜서 밥을 지어요. 솥에 불린 쌀과 물을 넣고 뚜껑을 연 채 중불에서 끓기 시작하면 바닥까지 저어주세요.
TIP 쌀 상태나 취향에 따라 30~50ml를 추가하면 밥이 설익지 않고 촉촉하게 골고루 윤기 흐르는 촉촉한 솥밥이 완성돼요.

3 뜸 들이기

뚜껑을 닫고 약불로 15분간 끓인 후 불을 끄고 10분간 뜸 들여요.
TIP 뜸을 들이는 동안 밥알 하나하나가 부드러워지고 깊은 풍미가 살아납니다.

초간단 육수 만들기

1 다시 물
생수 1L에 손바닥만 한 다시마 1장을 넣고 실온에서 30분 이상 두면 완성! 끓이지 않아도 되는 간단한 냉침 방식으로 은은하고 깔끔한 감칠맛이 살아나요. 바쁠 때 요긴하게 활용할 수 있는 기본 국물이에요.

2 채수
무, 대파, 파뿌리, 표고버섯, 양파 등 다양한 채소를 넣고 40분 이상 푹 끓여야 해요. 풍미가 깊고 부드럽지만, 시간과 정성이 필요해 바쁜 엄마들에게는 부담스러울 수 있어요. 그럴 땐 시판 육수팩을 사용해도 좋아요.

3 해물 육수
디포리, 멸치, 다시마 등을 넣고 직접 끓이면 감칠맛이 강하고 깊은 육수가 완성돼요. 하지만 조리 과정이 복잡하고 손이 많이 가기 때문에, 역시 시판 육수팩을 추천해요.

인덕션 & 하이라이트 불 조절 총정리

- 디오스 중불 7단계, 끓으면 약불 3단계 15분, 뜸 10분
- 삼성(9단계 기준) 중불 7단계, 끓으면 약불 3단계 15분, 뜸 10분
- 삼성(15단계 기준) 중불 9단계, 끓으면 약불 4단계 15분, 뜸 10분
- 지멘스 중불 7단계, 끓으면 약불 4단계 15분, 뜸 10분
- 스메그 중불 7단계, 끓으면 약불 4단계 15분, 뜸 10분
- 스메그(9단계 기준) 중불 7단계, 끓으면 약불 5단계 15분, 뜸 10분
- SK 매직 중불 9단계, 끓으면 약불 3단계 15분, 뜸 10분
- SK 매직(9단계 기준) 큰 화구에 7단계, 끓으면 3단계 15분, 뜸 10분
- 엘바 중불 8단계, 끓으면 약불 4단계 15분, 뜸 10분
- 쿠쿠(9단계 기준) 중불 8단계, 끓으면 약불 3단계 15분, 뜸 10분
- 휘슬러(9단계 기준) 중불 6단계, 끓으면 약불 4단계 15분, 뜸 10분
- 아에게(인덕션) 중불 12단계, 끓으면 약불 5단계 15분, 뜸 10분
- 아에게(하이라이트, 14단계 기준) 큰 화구에서 14단계, 끓으면 3단계 15분, 뜸 10분
- 디트리쉬 중불 14단계, 끓으면 약불 3~4단계 15분, 뜸 10분
- 디트리쉬(9단계 기준) 중불 7단계, 끓으면 약불 5단계 15분, 뜸 10분
- 린나이(9단계 기준) 중불 7단계, 끓으면 약불 4단계 15분, 뜸 10분
- 쿠첸(인덕션, 9단계 기준) 중불 7단계, 끓으면 약불 3단계 15분, 뜸 10분
- 쿠첸(하이라이트, 9단계 기준) 제일 큰 화구 듀얼로 9단계, 끓으면 4단계에서 15분, 뜸 10분
- 한샘(9단계 기준) 중불 7단계, 끓으면 약불 3단계 15분, 뜸 10분

남은 솥밥, 활용 & 보관법

솥밥은 한 번에 넉넉히 지으면, 다음 식사 준비가 훨씬 수월해져요. 갓 지어 김이 모락모락 나는 밥을 소분용 통에 바로 담아 뚜껑을 닫아주세요. 뜨거운 증기를 밀폐하면 수분과 영양이 날아가지 않고 그대로 유지돼요. 냉동 후 데워도 밥알이 부드럽고 촉촉해 아이도 소화하기 쉬운 식감으로 유지됩니다. 데운 밥에 참기름이나 들기름, 간 깨를 살짝 넣어 고소함을 더하고 무조미 김에 싸서 주면 초간단 김밥, 주먹밥이 완성됩니다. 죽으로 만들어도 좋아요.

자주 쓰는 식재료

매 끼니 새로운 재료를 고르기보다, 자주 쓰는 재료를 더 깊이 있게 다루는 것이 아이 식사 준비에는 훨씬 더 현실적이고 효과적입니다. 특별한 재료보다 쉽게 구할 수 있는 재료를 제대로 활용하는 것만으로도 아이에게 꼭 필요한 영양소를 부담 없이 챙길 수 있고, 아이의 식사 습관을 바꾸는 가장 좋은 시작이 될 수 있습니다.

쌀

쌀이 맛있어야 밥맛도 살아요. 특히 밥태기 아이의 입맛을 살리는 첫걸음이 밥맛이라고 할 수 있습니다. 매일 먹는 밥이 퍽퍽하거나 찰기가 부족하면 아이가 자연스럽게 밥을 싫어하게 되고 식사에 흥미를 잃습니다. 그런 만큼 좋은 쌀을 고르고 잘 보관하는 것이 중요해요. 쌀 고를 때 다음 세 가지를 꼭 확인해서 선택하세요.

- **최근 도정일** 도정한 지 오래된 쌀은 맛이 떨어져요. 도정과 동시에 쌀의 보호막(쌀겨)이 사라지기 때문에 쌀이 마르면서 공기, 습기, 빛, 온도에 쉽게 영향받아 밥이 퍽퍽해지죠.
- **단일 품종** 여러 품종을 섞으면 밥맛이 균일하지 않아요. 한국 쌀 품종은 쌀알 크기, 수분 함량, 전분 구조, 밥 지을 때의 물 흡수율, 익는 시간, 식감 등이 다양해 여러 품종이 섞이면 밥이 고르게 익지 않고, 맛이나 식감이 들쭉날쭉해질 수 있어요. 예를 들어 찰기 많은 품종은 쫀득한데, 찰기 적은 품종은 푸슬푸슬하니까 이 두 가지를 섞으면 어느 한쪽의 장점도 살리기 어렵죠.
- **등급은 '상' 이상** 등급이 낮을수록 쌀알이 깨진 것, 변색된 것 등이 섞여 있을 수 있어요. 이런 쌀은 밥을 지었을 때 찰기도 떨어지고, 고르게 익지 않아 밥맛이 퍽퍽하거나 밋밋해질 수 있어요.

양파

처음 무염 유아식을 시작할 때, 소금도 간장도 없이 어떻게 아이 입맛을 잡을까 고민이 많았어요. 그때 떠오른 것이 이유식 때 자주 만들던 양파잼, 즉 양파 캐러멜라이징입니다. 그런데 불 앞에서 40~50분씩 몇 번 조리하다 보니 너무 힘들어서 손이 잘 안 가더라고요. 그러다 양파를 다져 바로 솥밥에 넣어보았는데, 놀랍게도 양파가 솥에서 쌀과 함께 약불로 천천히 익으면서 자연스러운 단맛이 강하게 살아났어요. 거기에 감칠맛까지 더해져 솥밥의 풍미를 끌어올리고 달큰한 맛을 내서 아이가 잘 먹더라고요. 간하지 않아도 아이 입맛을 사로잡는 '단맛 비밀 병기'라고 할 수 있죠. 특히 식감과 색감에 민감해 밥만 먹는 아이들에겐 양파만 넣고 밥을 지으면 부족한 영양을 채워주고, 입맛 살리는 데 큰 역할을 합니다. 하지만 알레르기가 있다면 생략하거나 대파 흰 부분 등으로 대체해도 괜찮습니다.

TIP 양파에 매운맛이 강할 때는 채 썰어서 찬물에 10분 정도 담가둔 후 물기를 빼고 다져주세요.

마늘

마늘은 밥태기 편식까지 잡아주는 '맛의 핵심 재료'입니다. 음식의 풍미에 깊이를 더해주는 밥태기 해결의 숨은 조력자예요. 마늘이 아이들 밥태기와 편식 해결에 효과적이라는 걸 SNS에서 수많은 후기와 제 경험으로 확신했어요. 솥에서 쌀과 마늘, 다른 재료가 함께 익어가는 동안 마늘 특유의 알싸한 맛은 사라지고, 재료의 단맛과 깊은 감칠맛이 살아나면서 고기, 생선 등의 비린 맛도 자연스럽게 잡아줍니다. 그래서 저는 솥밥을 지을 때 마늘은 빼놓지 않고 꼭 넣어요. 특히 아이가 고기나 생선에 거부감이 있다면 마늘을 함께 넣어 조리해보세요. 생선의 비린 맛을 부드럽게 완화해 아이도 거부감 없이 더 잘 먹게 되는 마법 같은 경험을 할 수 있을 거예요.

TIP 시중에서 판매하는 다진 마늘은 시큼한 향이 강해 밥 지을 때 넣으면 신맛이 강해질 수 있어요. 그래서 마늘을 초퍼 등으로 직접 갈아 소분해두는 것을 추천해요. 맛과 향이 훨씬 깔끔합니다.

갈색 팽이버섯

샤부샤부집에서 볼 수 있는 황금빛 갈색 팽이버섯은 풍미와 감칠맛을 살려주는 '밥맛 마법사'입니다. 우연히 솥밥에 넣어봤더니, 다른 재료 없이도 감칠맛과 고소한 밥맛에 깜짝 놀랐어요. 흰 팽이버섯에 비해 감칠맛이 확실히 더 깊고 진해요. 육수 없이도 감칠맛을 낼 수 있고, 고기 없이도 고소하고 깊은 맛이 살아나죠. 그뿐 아니라 부드러운 식감 덕분에 아이도 부담 없이 먹을 수 있어 저희 집에서는 없어서는 안 될 재료가 되었답니다.

순살 생선

아이에게 생선을 먹이고 싶지만, 가시가 걱정되어 망설인 적이 있죠? 게다가 지느러미나 내장 손질은 번거롭고, 비린내까지 신경 쓰이게 마련입니다. 이런 고민을 덜어줄 순살 생선을 추천합니다. 순살 생선은 비린내의 주원인인 내장과 지느러미를 제거하고, 가시까지 모두 발라내서 부모님도, 아이도 안심하고 먹을 수 있습니다. 특히 생선은 신선도가 가장 중요합니다. 냉동과 해동을 여러 번 반복한 제품은 시간이 지날수록 비린내가 심해지고, 아이들도 거부감을 느끼기 쉽죠. 따라서 신선한 생물을 가공한 순살 제품을 선택하는 것이 좋아요.

우엉

우엉은 성장기에 꼭 필요한 뿌리채소예요. 칼륨과 폴리페놀이 면역력 증진과 항산화에 도움을 줍니다. 단단하고 낯선 식감 때문에 처음에는 거부감이 있을 수 있지만, 솥밥에 넣어 천천히 익히면 부드러워질 뿐만 아니라 고소한 풍미와 감칠맛이 살아나 별다른 조미료 없이도 솥밥의 맛을 풍부하게 만들어줍니다. 특히 우엉은 식이 섬유가 풍부해 유아는 소화하기 어려울 수 있으니 잘게 썰어 솥밥에서 부드럽게 조리하는 것이 좋습니다.

다진 소고기

소고기는 등급이 높을수록 마블링이 풍부해 고소하고 부드러운 맛이 살아나요. 하지만 지방이 오히려 아이들에겐 소화하기 부담스러울 수 있어요. 특히 1++나 1+ 등급 고기는 지방이 많아 맛은 좋지만 유아기 아이들에겐 소화가 부담될 수 있어요. 이게 반복되다 보면, 결국 밥태기로 이어지기도 하죠. 그래서 기름기는 적고 철분이 풍부한 1등급 한우 중에서도 우둔살을 추천합니다. 우둔살은 지방 함량이 낮아 담백하고 철분과 단백질 함량은 높아 성장기 아이의 성장을 도와주는 부위예요. 간은 하지 않고 양파, 마늘, 버섯 등과 함께 살짝 볶아 솥밥에 올리면 기름기 없이도 감칠맛 폭발하는 영양 밥상이 완성됩니다.

기 버터

기 버터는 식재료 본연의 고소한 풍미를 살려 식욕을 돋우는 동시에, 무염식을 하는 아이들에게도 깊은 맛을 더해주는 동물성 지방입니다. 일반 버터와 달리 유당과 유청 단백질(카세인)을 제거한 순수 지방입니다. 고소하지만 느끼하지 않아 솥밥과 잘 어울리고, 다양한 요리에 활용하기 좋습니다.

다진 돼지고기

돼지고기 특유의 향 때문에 거부하는 아이들이 많아요. 하지만 채소와 함께 볶아 솥밥에 넣으면 잡내는 사라지고, 부드러운 식감과 고소한 감칠맛이 살아나 편식하는 아이들도 잘 먹을 수 있습니다. 돼지고기에는 비타민 B군, 단백질, 지방이 균형 있게 들어 있어 체력 소모가 많은 성장기 아이에게 좋은 에너지원이 될 수 있어요.

들깻가루

들깻가루는 특별하지 않은 듯하면서도 요리의 맛, 향, 영양 모두를 책임지는 알찬 비법 재료예요. 고소한 맛과 영양을 더하는 한 스푼의 마법이라고 할 수 있죠. 특별한 조리법 없이 솥밥 또는 국에 톡톡 뿌려주기만 하면 끝! 간단하게 한 숟갈만 넣어도 향과 맛이 깊어지고 영양까지 높아지는 매력적인 식재료입니다.

참기름

갓 지은 밥 위에 참기름 한 방울, 아이의 식욕을 자극하는 가장 간단한 치트키입니다. 어릴 적, 엄마 손을 잡고 방앗간에 가면 갓 짜낸 참기름의 고소한 향에 절로 배가 고파왔던 기억이 있어요. 그만큼 참기름의 깊고 고소한 향은 아이의 입맛을 단번에 사로잡는 비법입니다. 하지만 요즘 시중의 참기름 제품을 보면, 외국산 참깨를 사용하는 경우가 많은 것이 현실입니다. 물론 국산 참깨를 구입해 직접 방앗간에 가서 짜는 것이 가장 신선하지만, 번거로운 일이죠. 그래서 저는 국산 참깨를 저온에서 천천히 짜낸, 향이 부드럽고 아이에게도 부담 없는 참기름을 이용합니다. 열량이 높아 하루 1t 정도만 곁들이면 충분해요.

TIP 참기름은 열에 약하므로, 밥이 완성된 후 먹기 직전에 살짝 둘러주세요. 고소한 향을 더욱 살릴 수 있습니다.

들기름

고소함 하면 참기름이 먼저 떠오르지만, 불포화지방산(오메가3, 오메가6)이 풍부한 들기름 역시 꼭 챙겨야 할 건강한 기름입니다. 들기름 특유의 구수한 향이 아이의 식욕을 돋우는데, 특히 나물, 버섯, 가지, 우엉, 들깻가루 등과 함께 조리하면 감칠맛이 살아나면서도 속이 편안한 영양 솥밥이 완성됩니다. 들기름에는 뇌 발달, 면역 기능 유지, 염증 완화에 도움을 주는 알파리놀렌산이 풍부해 성장기 아이들에게 특히 좋습니다. 다만, 시중 제품 중 오래된 볶은 깨를 원료로 하거나 향은 강하지만 영양은 부족한 경우도 있으니 주의가 필요합니다. 국산 생들깨로 저온 압착해 만든 들기름이 영양 손실이 적고 알파-리놀레산 함량이 높아 추천해요.

TIP 들기름은 열에 약하므로, 밥을 완성한 후 먹기 직전에 살짝 둘러주세요.

올리브 오일

아이의 첫 기름으로는 엑스트라 버진 올리브 오일을 추천합니다. 고기나 채소를 볶을 때 사용하거나 밥을 지을 때 약간 넣어주면 부드럽고 윤기 있는 식감을 완성할 수 있습니다. 엑스트라 버진 올리브 오일은 단일 불포화지방산이 풍부해 혈관과 두뇌 건강에 좋고, 지용성비타민의 흡수를 도와 단백질, 철분, 식이 섬유를 효과적으로 섭취할 수 있도록 해줍니다. 또 강력한 항산화 성분인 폴리페놀이 풍부해 세포 손상을 막고, 아이의 면역력과 뇌 발달에도 긍정적인 영향을 줍니다. 산도가 낮고 신선한 제품일수록 폴리페놀 함량이 높기 때문에 까다롭게 고르고 있어요. 저는 햇올리브로 짜고, 산도 0.3% 이하에, 항공 운송으로 신선도를 유지하고, 어두운색 유리병에 담긴 제품인지 꼼꼼히 확인해 선택합니다.

재료별 완밥 TIP

아이가 유독 잘 안 먹는 재료, 하나쯤 있죠? 같은 재료도 어떻게 조리하느냐에 따라 아이 반응이 확 달라질 수 있어요. 식감과 향, 맛의 궁합만 잘 맞춰도 편식하던 재료가 어느새 완밥으로 이어진답니다. 직접 경험하고 효과를 본, 재료별 완밥 팁을 알려드릴게요!

브로콜리

브로콜리는 슈퍼 푸드로 불릴 만큼 영양이 풍부하지만 아이들이 잘 먹지 않는 채소 중 하나입니다. 사실 어른들도 초장에 찍어 먹거나, 스테이크의 가니시로 먹는 정도라 집에서 자주 활용하기 어려울 수 있어요. 그러면 자연스럽게 아이들도 브로콜리를 접할 기회가 적어져 낯선 향과 색감에 대한 거부감이 생겨요. 또 질긴 질감과 쓴맛이 강한 채소이기 때문에, 부드러운 식감을 선호하는 아이들에게는 부담스러울 수 있어요. 게다가 익혔을 때 나는 특유의 향이 아이들에게는 불쾌하게 다가갈 수 있죠.

| **완밥 TIP** | 브로콜리 소량을 옥수수, 두부, 양파 같은 부드러운 재료와 함께 솥밥에 넣으세요. 브로콜리의 쌉쌀한 맛이 중화되고, 식감은 부드러워지며 자연스러운 단맛과 감칠맛이 살아나면서 아이들이 거부감 없이 먹을 수 있어요.

파프리카

빨간, 주황, 초록 등 선명한 색감과 특유의 향을 싫어하는 아이들이 많아요. 생으로 먹으면 아삭거리는 식감이, 익혔을 때는 질긴 식감도 편식의 원인입니다. 빨간색은 맵다는 생각 때문에, 노란 파프리카는 약간의 신맛 때문에 거부할 수 있습니다.

| **완밥 TIP** | 처음에는 달고 부드러운 주황 파프리카로 접근하는 것이 좋습니다. 솥밥으로 다른 재료와 함께 소량 넣으면, 파프리카의 쓴맛이 완화되고 자연스러운 단맛과 풍미가 밥과 다른 재료와 어우러져 아이들이 맛있게 먹을 수 있어요. 솥밥에서 조리된 파프리카는 부드럽고 촉촉해져 씹기 쉬워지며, 밥과 함께 익히면 파프리카의 색상이 밥에 스며들어 시각적으로도 매력적인 요소가 더해집니다.

파프리카는 제철에 특히 달고 부드러워 아이들이 먹기 좋고 영양이 가장 풍부해요. 편식이 심한 아이라면 제철을 활용해 적응시키는 것도 좋은 방법입니다. 파프리카는 익는 정도에 따라 색이 변하며, 익을수록 당도가 높아집니다. 빨간색과 주황색은 초록색 파프리카가 익으면서 색이 변한 것이므로, 색이 진할수록 당도도 높아진다고 보면 됩니다. 특히 빨간색, 주황색, 파프리카에는 비타민 C와 베타카로틴이 풍부해 면역력과 시력 건강에 도움을 줄 수 있어요.

빨간색 파프리카   가장 달고 풍미가 풍부
주황색 파프리카   빨간색보다는 약간 덜하지만 달콤
노란색 파프리카   상큼한 단맛
초록색 파프리카   가장 덜 익은 상태, 약간 쌉싸름하고 당도 낮음

당근

당근은 아이는 물론 어른 중에도 싫어하는 사람이 많은 대표적인 채소 중 하나예요. 익숙하지 않은 선명한 주황색에 대한 거부감과 특유의 흙 향과 쓴맛 때문입니다. 익혀도 섬유질이 살아 있어 씹는 느낌이 낯설게 느껴질 수 있죠. 하지만 당근에는 베타카로틴이 풍부해 항산화 작용과 눈 건강에 도움을 줘요.

> **| 완밥 TIP |** 다양한 채소(호박, 버섯, 양파)와 함께 솥밥으로 조리하면 당근의 색감이 눈에 띄지 않고 특유의 향이나 맛이 중화됩니다. 솥에서 쌀과 함께 천천히 익으면서 식감은 부드러워지고, 단맛이 강화됩니다. 제철은 늦가을~겨울(10~2월). 기온이 낮을수록 당근의 단맛이 더 진해지고 부드러워 아이들이 먹기 좋아요.

무

무는 평소 익숙하지 않은 식감과 강한 풋내 때문에 아이들이 거부감을 느낄 수 있어요. 팬에 볶으면 덜 익어 단단한 섬유질이 많아 질기고 씹기 힘들고, 국으로 제공하면 국물에 감칠맛과 단맛이 빠져 밍밍한 맛과 물컹거리는 식감 때문에 더 심하게 편식할 수 있어요. 실제로 저도 아이에게 볶음, 조림, 국 등 다양하게 만들어주었는데, 몇 번 씹고 뱉더니 그 후 완전히 거부하기까지 했죠.

> **| 완밥 TIP |** 무를 갈아 솥밥 지을 때 넣으니 쓴맛이 쌀에 스며들어 중화되어 아이가 밥만 두 그릇 먹었답니다! 제철은 늦가을~겨울(10~2월). 이 시기의 무는 단맛이 진하고, 영양소도 풍부해요. 특히 무의 초록 부분은 단맛이 강해 아이들 요리용으로 좋고, 흰 부분은 국물용으로 사용하면 좋아요.

버섯

버섯은 종류마다 식감과 향이 달라 아이들이 편식하는 경우가 많아요. 미끈거리는 느낌이나 표고버섯의 강한 향, 팽이버섯의 아삭한 식감이 아이들에게는 낯설고 부담스러울 수 있어요. 실제로 저도 다양한 버섯을 조리해줬지만, 어떤 버섯은 잘 먹고, 어떤 버섯은 거부하더라고요.

> **| 완밥 TIP |** 버섯과 고소한 들깻가루를 함께 넣어 솥밥을 지어보세요. 밥과 들깨의 고소함이 어우러지면서 감칠맛이 살아나 편식하는 아이도 잘 먹어요. 이 레시피는 아이들이 잘 먹는다는 소문이 나면서 200만 뷰를 기록하고, 인증 후기가 수백 건 달려 버섯 편식 종결자가 되었죠.

가지

가지 껍질에는 안토시아닌이 풍부해 세포 보호와 면역 기능 유지에 도움을 줄 수 있어요. 하지만 특유의 쓴맛과 물컹거리는 식감 때문에 어른도 호불호가 심할 정도로 잘 먹지 않는 채소죠.

> **| 완밥 TIP |** 다른 재료들과 함께 솥밥으로 조리하면 가지의 쓴맛이 줄어들어 더 맛있고 영양가 높게 활용할 수 있어요. 여름 가지는 수분이 많고 촉촉해서 맛이 풍부하고, 초가을 가지는 껍질이 얇고 더욱 달콤해요. 기름에 살짝 볶으면 영양 흡수율이 더 높아져요.

토마토

아이들이 토마토를 싫어하는 것은 색감, 산미, 미끈한 식감 때문이에요. 특히 우리나라 토마토는 산미가 강해 거부감을 줄 수 있죠. SNS를 통해 많은 어머님들이 아이들이 토마토를 먹지 않아 걱정하시더라고요.

| **완밥 TIP** | 이탈리아산 토마토로 만든 100% 가열 퓌레를 사용해보세요. 놀랍게도 이 퓌레를 사용한 후 아이들이 잘 먹었다는 후기가 많았어요. 또 솥밥으로 조리하면 토마토의 풍미가 밥에 스며들어 밥의 단맛과 조화를 이루며, 산미는 줄어들고 부드러운 맛이 강해져요. 밥은 물론 소고기를 거부하는 아이들에게도 퓌레를 활용해 라구 소스를 만들어주면, 토마토는 물론 고기 편식까지 해결할 수 있어요.

소고기

비릿한 향과 질겅거리는 식감은 아이들이 소고기를 편식하는 가장 대표적인 이유입니다. 소고기를 과하게 익히면 퍽퍽해지고, 식으면 비릿한 향이 더욱 강하게 올라와 아이들이 더 심하게 거부할 수 있어요.

| **완밥 TIP** | 소고기 편식을 해결하기 가장 좋은 방법이 솥밥입니다. 다양한 채소와 재료를 익히면 풍미가 배가되고, 고기 맛이 중화되는 데다 소고기와 다른 재료가 잘 어우러져 아이들이 쉽게 먹을 수 있어요. 특히 질감과 비린내 때문에 고기를 거부하는 아이에게는 두부와 함께 솥밥을 만들어주면 좋습니다. 두부는 고기의 특성을 중화하고 부드럽고 담백한 맛을 더해주기 때문에, 아이들이 고기를 거부하지 않고 자연스럽게 먹을 수 있도록 돕습니다. 또 고기의 비린내를 잡아주는 역할을 하죠.
소고기 중에서도 한우 1등급 우둔살 다짐육과 사태살을 추천합니다. 지방 함량이 낮고 부드럽기 때문입니다. 1+ 등급 이상의 소고기는 지방 함량이 높습니다. 고기의 지방은 아이들이 소화하기 힘들어 밥태기로 이어질 수 있기 때문에, 지방이 적고 부드러운 1등급 우둔살과 사태살이 아이들에게 적합합니다.

양배추

특유의 쓴맛과 섬유질 때문에 양배추를 싫어하는 아이들이 많습니다. 양배추의 껍질과 식감이 질기고 딱딱한 부분 때문에 아이들이 씹기 힘들어하거나 거부감을 느끼는 것이죠. 또 팬으로 볶을 경우 수분이 날아가며 씁쓸하거나 텁텁한 맛이 나기 때문에 아이들이 먹기를 꺼릴 수 있어요.

| **완밥 TIP** | 솥밥으로 조리하면 양배추의 섬유질이 부드러워져 씹기 쉽고, 밥과 함께 익으면서 풍미가 살아나고 단맛이 강화돼 잘 먹습니다.
제철인 봄~초여름(3월~6월)에는 단맛이 강해집니다. 특히 봄철 양배추는 더 달고 부드러워 아이들이 먹기에 좋습니다.

오리고기

오리고기는 그 자체로 강한 맛과 기름진 풍미로 어른들 사이에서도 호불호가 나뉘는 식재료입니다. 솥밥으로 오리고기를 조리하면 잡내를 잡으면서도 부드럽고 촉촉해져 아이들도 잘 먹을 수 있어요. 아이들이 오리고기를 편식하는 것은 강한 맛과 잡내, 그리고 기름 때문이에요. 오리고기는 평소 접하기 힘들고, 익숙하지 않은 맛이어서 거부감을 느끼는 아이들도 많습니다. 특히 어린아이들은 부드럽고 깔끔한 고기를 선호하기 때문에 오리고기를 싫어할 수 있어요.

| 완밥 TIP | 잡내 제거에 탁월한 마늘, 양파, 우엉과 함께 여러 재료를 쌀과 함께 솥밥으로 조리하면, 오리고기의 잡내를 잡고 강한 맛을 중화해 부드럽고 촉촉해집니다. 오리고기는 12개월 이후부터 섭취 가능하며, 부드럽고 지방이 적어 담백한 가슴살을 추천합니다. 24개월 이후에는 소화 기능과 씹는 능력이 향상되어, 지방이 적당한 오리 다리살과 섞어 조리하면 고소한 맛 덕분에 아이뿐 아니라 온 가족이 건강하고 맛있게 즐길 수 있는 영양 만점 식사가 됩니다. 첨가물 없이 손질된 생오리고기를 추천합니다.

돼지고기

돼지고기는 냄새에 예민한 성인도 꺼리는 대표적인 식재료 중 하나예요. 지방 함량이 높아 제대로 조리하지 않으면 잡내가 더 강해지고, 퍽퍽해져 아이들이 더 거부감을 느낄 수 있습니다.

| 완밥 TIP | 아이에게 돼지고기를 줄 때는 지방이 적은 부위를 사용하고, 잡내 제거에 좋은 양파나 마늘을 활용해 적당한 온도에서 조리하고, 맛의 균형을 맞춰 감칠맛을 더해주세요. 돼지고기의 퍽퍽한 식감과 잡내를 잡아주는 중요한 재료인 마늘과 양파를 다양한 재료와 함께 솥밥으로 지어주면, 아이들이 맛있게 먹을 수 있어요.
12개월부터 섭취할 수 있는 돼지고기는 다진 안심부터 먹이길 추천해요. 안심은 지방이 적고 식감이 부드러워 아이들도 쉽게 소화할 수 있습니다. 그리고 두 돌이 지나면, 씹는 능력이 향상되어 목살의 적당한 지방과 육즙을 잘 소화할 수 있으므로 목살을 잘게 잘라 부드럽게 조리하면 잘 먹을 수 있어요.

닭고기

닭고기는 담백한 고단백 식품으로 성장기 아이들에게 중요한 단백질 공급원이에요. 나이아신과 비타민 B_6도 풍부해 에너지 대사에 도움을 줄 수 있어요. 하지만 가슴살과 안심의 퍽퍽하고 밍밍한 식감이 아이들에게 거부감을 줄 수 있어요. 가슴살이 퍽퍽한 이유는 지방이 적기 때문인데, 익히면 더 질겨져서 더욱 거부감을 유발할 수 있어요.

| 완밥 TIP | 닭고기의 맛을 부드럽고 감칠맛 있게 살려주는 것이 바로 솥밥이에요. 솥밥은 다양한 재료가 닭고기와 잘 어우러져 맛의 균형을 맞추고, 육즙이 밥에 배어들어 깊고 풍부한 맛을 더합니다. 밥태기를 예방하는 데도 효과적이죠. 닭고기는 소화가 쉬운 부위인 안심, 가슴살, 다리살을 추천합니다. 기름기 많은 껍질은 제거하고 조리하는 것이 좋아요. 안심과 가슴살의 힘줄은 포크로 잡아당기면 쉽게 제거할 수 있어요.

해산물

해산물은 그 자체로 계절의 선물입니다. 각 계절마다 해산물의 맛이 다르고, 제철 해산물을 먹는 것이 아이들에게 풍부한 영양소를 제공합니다. 하지만 새로운 식재료에 대한 거부감이 강한 아이들은 해산물의 질감과 향에 민감하게 반응하기 때문에 편식이 심해지는 문제가 종종 발생해요.

> **| 완밥 TIP |** 향과 색감이 너무 도드라지지 않도록 부드러운 해산물을 먼저 제공하는 것이 중요해요. 소량씩 다른 재료와 섞어서 솥밥에 넣으면, 아이들이 거부감 없이 맛있게 먹을 수 있습니다. 비린내가 적은 신선한 해산물을 선택하고, 해산물을 부드럽게 익혀 다양한 재료와 섞어 자연스럽게 맛을 담아내는 방법이 효과적이에요.

생선

아이들이 생선을 거부하는 가장 큰 이유 중 하나는 생선의 특유의 비린내와 질감입니다. 특히 아이들은 새로운 음식에 대한 거부감이 강하고, 생선 특유의 향이나 부드럽지 않은 질감에 민감하게 반응할 수 있어요. 조리 과정에서 기름이 튀고 냄새가 나는 것을 꺼려 생선이 자주 식탁에 오르지 않기 때문에 아이에게 생선은 다소 낯설게 느껴질 수 있어요.

> **| 완밥 TIP |** 비린 맛이 적은 순살 생선을 구워 솥밥에 넣으면 비린내가 중화됩니다. 특히 부드럽고 촉촉해지기 때문에 아이들이 생선의 질감에 거부감을 느끼지 않게 도와주죠. 아이에게 처음 생선을 줄 땐 기름져서 비린내가 강한 연어, 고등어, 참치보다는 비린내가 적고 식감이 부드러운 흰 살 순살 생선을 추천해요. 레몬즙이나 식초를 뿌리면 편식의 주요인인 비린내를 줄이고 신선한 맛을 강조할 수 있습니다. 계절별로 맛과 영양이 풍부한 제철 생선을 활용하는 것도 좋은 방법입니다.
> 참치 같은 대형 어종은 먹이사슬 상위에 있어서 메틸수은이 많이 축적될 수 있는 어종이라 흰 살 생선부터 시작하는 것이 좋아요. 아이는 체중이 적기 때문에 같은 양을 먹어도 어른보다 영향을 크게 받을 수 있어요.

솥밥 유아식 Q&A

솥밥 유아식이 처음이라 궁금한 점이 많죠? 엄마들이 가장 많이 물어본 질문을 모았어요. 요리 초보라도, 화려한 실력이 없어도 괜찮아요. 같이 천천히 시작해봐요.

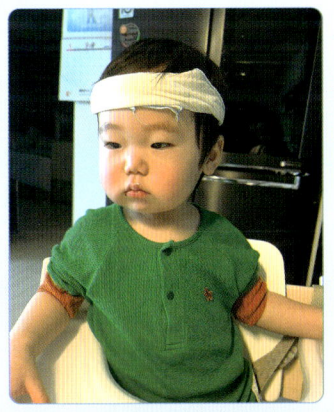

01 아이가 왜 이렇게 편식이 심할까요?

아이들이 새로운 음식을 거부하거나 편식을 하는 이유는 다양하지만, 그중 가장 큰 원인 중 하나는 음식에 대한 불안감과 이질감입니다. 아이들은 색깔, 향, 그리고 음식의 형태에 매우 민감하게 반응해요. 그래서 낯선 음식이 주어지면 자연스럽게 거부감을 느끼고 편식을 하게 될 수 있습니다. 특히 채소나 파프리카처럼 강한 색감과 향, 아삭한 식감은 아이들에게 낯설고 불편하게 느껴질 수 있습니다. 28쪽 재료별 완밥 팁을 참고하세요.

★ **솥밥으로 해결하세요!**

솥밥은 각 재료의 맛이 고루 섞이고 부드럽게 익어, 아이들이 색감이나 식감에 거부감 없이 다양한 맛을 받아들이도록 해줍니다. 좋아하는 재료에 거부하는 재료를 소량 넣어 솥밥을 만들어보세요.

색감에 민감한 아이나 밥만 먹으려는 아이에게는 쌀, 흰색 양파, 팽이버섯, 두부, 무 같은 재료를 솥에 넣어 익히는 것이 효과적입니다. 쌀과 흰색 양파는 거부감이 덜한 순백색의 색감을 제공하고, 양파는 달콤한 맛을 더해줍니다. 팽이버섯은 고소한 맛을 배가하고, 두부는 담백하고 부드러운 식감을 추가해 아이들이 부담 없이 먹을 수 있도록 해줍니다. 부드럽게 익은 무는 아이들의 속을 편안하게 해주죠.

02 무염식을 꼭 해야 되나요?

아이에게 건강한 식습관을 심어주는 데 무염식이 아주 중요한 첫걸음이 됩니다. 이 시기의 식사는 단순히 영양을 채우는 것 이상의 의미가 있어요. 아이가 자라면서 경험하는 음식의 맛과 체내에 쌓이는 성분이 식습관에 큰 영향을 미치기 때문입니다. 적절한 시기에 무염식을 실천하는 것이 아이의 평생 식습관에 중요한 기초가 됩니다. 생후 24개월까지의 무염식은 결코 번거로운 과정이 아니라, 아이의 신체 발달을 위한 중요한 기초를 다지는 기회라고 생각하세요. 또 무염식은 아이가 짠맛이 아닌, 식재료 본연의 맛을 느낄 수 있게 해주죠. 이렇게 무염식을 통해 아이는 점차 맛의 다양성을 받아들이고, 새로운 재료에 대한 호기심도 키워나갈 수 있습니다.
무염식이 밋밋할 것 같아 걱정이라고요? 사실 염분을 넣지 않더라도 신선한 채소, 고기, 곡물 등이 어우러져 만들어내는 풍미는 그 자체로 충분히 맛있어요. 무염식을 기본으로 하되, 필요에 따라 소금이나 간장으로 간을 해주세요.

★ **솥밥으로 해결하세요!**
무염식을 해야 할 때, 솥밥은 장기적으로 최고의 선택이 될 수 있습니다. 단순한 재료만으로도 솥에서 여러 재료가 자연스럽게 어우러지며 익는 과정에서 은은한 단맛이 퍼지고 서로의 맛을 더해 최고의 감칠맛을 만들어냅니다. 이렇게 자연스럽게 조화로운 맛을 경험하면서 아이는 다양한 재료의 맛을 자연스럽게 받아들이고, 이는 건강한 식습관 형성에 큰 도움이 됩니다. 또 시간이 지남에 따라 아이는 다양한 맛을 즐길 수 있게 되어, 보다 균형 잡힌 식습관을 만들 수 있습니다.

03 아이가 이앓이를 하느라 밥을 안 먹는데 어떻게 하면 좋을까요?

아이는 다양한 신체적, 감정적 변화를 겪으며, 그 과정에서 식사와 관련된 변화가 일어날 수 있습니다. 아이와 성인의 미뢰(맛을 느끼는 세포) 수에는 큰 차이가 있습니다. 아이에게는 약 1만 개의 미뢰가 있으며, 성인에게는 약 2,000개에서 5,000개의 미뢰가 있습니다. 그래서 아이는 성인보다 다양한 맛을 더 민감하게 느끼기 때문에, 입맛이 까다로워지고 특정 음식을 거부하게 만드는 원인이 될 수 있습니다. 또 이앓이도 아이들의 식사 거부와 관련이 있습니다. 이앓이가 심한 시기는 보통 2~3세로, 유치가 나기 시작하면서 잇몸이 붓고 아파서 음식을 씹기 힘들어 식사를 거부할 수 있습니다. 그래서 이 시기에는 밥을 거부하는 현상인 밥태기가 흔히 나타날 수 있습니다.

★ **솥밥으로 해결하세요!**
솥밥은 물을 적절히 추가해 밥알을 부드럽고 촉촉하게 익힐 수 있어, 잇몸이 아프거나 씹기 힘든 아이들이 쉽게 먹을 수 있습니다. 또 재료를 자유롭게 조합하는 것이 가능해 아이의 영양 상태나 입맛에 맞출 수 있습니다. 예를 들어 아이가 좋아하는 채소나 단백질을 추가해 죽이나 진밥으로 만들어줄 수 있습니다. 재료가 부드러워져 씹기 편하고 소화도 잘돼 이앓이로 예민한 아이도 손쉽게 영양을 섭취할 수 있습니다.

04 밥이 자꾸 타요.

부재료(고기, 채소 등)를 먼저 볶을 때 불이 너무 강하면 바닥이 탈 수 있어요. 이럴 때는 불을 줄이거나 재료를 팬에 따로 볶은 뒤 솥에 옮겨 밥을 짓는 방법을 추천합니다. 솥에 재료를 볶은 후 불을 끄고 한 김 식혀 밥을 짓는 것도 좋아요.

05 태운 솥을 설거지하기가 힘들어요.

눌어붙은 솥은 물, 베이킹 소다 1~2큰술을 넣고 중불에서 15분간 끓인 후, 물이 다 식으면 주방 세제로 설거지해주세요. 심하게 눌어붙었다면 물을 부어 끓인 후 하루 이상 불린 다음 설거지하세요.

06 밥이 설익었어요.

밥이 설익는 가장 흔한 원인은 다음 세 가지예요. 밥이 설익었을 때는 뜨거운 물 50ml(쌀 3컵 이상, 100ml)를 넣고 전체적으로 저어준 후 약불로 10분간 끓이고 10분간 뜸을 들이면 고슬한 밥으로 다시 살아나요.

> ★ 이렇게 해결하세요!
>
> **물 부족** 기본 비율은 불리기 전 쌀 1컵 : 물 1컵 + 추가로 30~50ml입니다. 오래된 쌀과 혼합미는 더 많은 수분이 필요하니 쌀을 불릴 때 물에 담가 불리는 걸 추천해요.
>
> **불 조절** 강한 불로 끓이면 겉만 익고 속은 설익기 쉽고, 불이 너무 약하면 전분이 충분히 나오지 않아 설익는 경우가 많아요. 중불을 조금 낮추거나 약불을 조금 더 키워보세요. 23쪽을 참고해 조절해보세요.
>
> **뜸 부족** 밥을 짓고 바로 먹으면 쌀에서 전분이 밥알 속으로 충분히 흡수되지 않아 겉은 질척하고 밥은 설익은 것처럼 느껴질 수 있어요. 불을 끄고 뚜껑을 덮은 채 10분간 뜸 들여주세요.

07 밥알에 윤기가 없어요.

혼합미를 사용했거나 오래된 쌀은 수분이 빠져 밥을 지을 때 윤기가 없고 퍽퍽할 수 있어요. 이럴 땐 쌀을 30분 정도 물에 충분히 불린 후, 불린 물은 버리고 새 물로 밥을 짓는 것이 좋아요.

08 잡곡밥도 할 수 있나요?

잡곡은 아이에게 영양을 제공하는 훌륭한 재료지만, 소화하기 어렵거나 밥이 질겨질 수 있어요. 우선 잡곡은 충분히 불려야 해요. 잡곡은 겉껍질이 단단해 그냥 밥을 지으면 소화가 어렵고 영양 흡수율도 떨어져요. 24시간 동안 물에 불린 후, 그 물은 반드시 버리고 새 물로 밥을 지어주세요. 소화력이 약한 아이에겐 전기밥솥을 추천해요. 솥밥도 가능하지만 잡곡은 오래 익혀야 부드럽고 부담이 없어요. 전기밥솥으로 푹 익히는 것이 초보 아이들에겐 더 안전합니다. 씹는 것을 아직 힘들어하거나 식감에 예민한 아이에겐 솥밥에 잡곡 가루를 사용하는 것도 좋은 방법이에요.

09 솥밥 한 그릇만으로도 영양이 충분할까요?

밥태기 아이는 식사 자체를 스트레스로 받아들일 수 있어요. 눈앞에 반찬이 많을수록 부담을 느끼고, 편식이 심해질 수 있죠. 이럴 때는 반찬 수를 줄이고 재료 본연의 맛과 영양을 살린 한 그릇 식사가 더 효과적입니다. 솥밥은 조미료 없이도 다양한 재료가 감칠맛을 내고, 영양 시너지도 큽니다. 색감과 식감이 조화를 이루어 아이가 낯선 재료에 익숙해지게 도와줘요. 이렇게 익숙해진 재료는 추후 반찬으로 따로 내도 잘 먹게 되는 경우가 많습니다.

10 반찬 구성은 어떻게 하면 좋을까요?

한 끼에 모든 영양소를 넣기보다 하루 세끼를 기준으로 영양 밸런스를 맞추는 것이 더 효율적이에요. 예를 들어 점심에 고기 위주의 식사를 했다면, 저녁엔 채소 솥밥과 단백질 반찬 하나만으로도 충분해요. 단백질 반찬으로는 두부 구이, 달걀찜, 달걀말이, 순살 생선 구이, 떡갈비 등을 추천합니다.

11 볶음밥, 주먹밥은 싫어하는데 왜 솥밥은 잘 먹을까요?

볶음밥이나 주먹밥은 재료별로 익는 속도나 수분감이 달라 어떤 재료는 퍽퍽하고, 어떤 건 물러지는 경우가 있어요. 그래서 재료가 따로 놀고 특정 맛이 두드러져 아이가 거부감을 느끼기도 해요. 반면 솥밥은 쌀과 재료가 함께 천천히 익으면서 부드럽고 조화롭게 완성되며, 감칠맛까지 더해져 아이 입에 더 잘 맞아 쉽게 먹을 수 있어요.

12 기관 생활을 시작한 아이, 집에서도 무염식을 계속해도 될까요?

기관에서는 간이 된 음식을 먹더라도, 집에서는 재료 본연의 맛을 경험할 수 있도록 최소한의 간을 하길 권해요. 어른들도 하루 세끼 외식을 하면 부담스러운 것처럼, 아이도 속이 더부룩해질 수 있기 때문이에요. 밥에는 많은 간이 필요 없어요. 솥밥은 채수, 육수, 기 버터, 마늘, 양파 등을 사용해 자연스럽게 우러나는 맛만으로도 충분히 감칠맛을 낼 수 있어요. 고기나 채소를 볶을 때 소량의 간장이나 소금으로 살짝만 간해도 저염식으로 충분합니다. 물이나 육수를 넣을 때 간장 1큰술로 은은하게 간을 조절해도 좋아요.

13 유아식을 하다 보니 채소가 남아서 고민이에요.

솥밥만큼 '냉파' 하기 좋은 방법도 없어요. 애매하게 남은 가지, 애호박, 당근, 양파, 브로콜리 등은 잘게 다져서 솥밥으로 뚝딱 만들어보세요. 훌륭한 채소 솥밥이 완성된답니다.

14 아이가 밥은 안 먹고 반찬만 먹어서 고민이에요.

밥을 거부하고 반찬만 먹는 아이는 생각보다 많아요. 반찬은 대부분 굽고 찌고 볶는 과정을 거치며 감칠맛이 풍부해지는 반면, 밥은 상대적으로 맛이 밋밋하게 느껴지기 때문입니다. 이럴 때는 아이가 좋아하는 반찬이나 식재료를 활용해 솥밥을 지어 밥 자체에 풍미를 더해보는 것이 좋아요. 다양한 재료와 함께 밥을 지으면, 재료의 맛이 밥알에 은은하게 배어들어 밥은 밋밋하다는 인식이 서서히 바뀌면서 자연스럽게 먹게 되는 효과가 있습니다.

15 아이가 갓 지은 밥만 먹는데 매 끼니마다 솥밥을 새로 해야 할까요?

이럴 땐 한 번에 넉넉하게 해서 김이 모락모락 날 때 바로 소분용 용기에 담아 뚜껑을 닫고 보관해보세요. 뜨거운 증기를 그대로 밀폐하면, 밥의 수분과 영양이 날아가지 않고 잘 유지됩니다. 먹기 전에는 수분감을 살려 데우는 것이 포인트예요. 전자레인지로 데울 때는 물 1~2큰술을 밥 위에 뿌리고 중간에 한 번 저어주면 밥알의 부드럽고 촉촉한 질감이 살아납니다. 갓 지은 밥처럼 따뜻하게 아이에게 줄 수 있어요.

솥밥으로 밥태기 극복한 엄마들의 찐 후기

많은 분들이 솥밥으로 밥태기 극복했다는 후기를 보내주셨어요. 이런 후기를 받을 때마다 더 열심히 해야겠다고 다짐합니다.

> 소고기 가지 솥밥! 아무것도 안 했는데 이미 맛있어요. 아이도 어어어어엄청 잘 먹어요! 우엉의 식감 때문에 돌 아이가 못 먹을까 걱정했는데 잘 먹네요. 매번 성공하는 비비안 님 레시피 너무 좋아요 ♥

> 아이가 리필했습니다!! 밥 삼키는 속도가 빨라요. 정말 맛있나 봐요!

> 오늘도 250g 완밥. 믿고 따라 하는 레시피 감사합니다.

> 처음으로 해본 솥밥. 소고기+당근+새송이버섯+콩나물 조합으로 남편, 저, 아이 셋 다 완밥했어요. 아이가 혼자서도 싹싹 긁어 먹어서 진심으로 감동받았습니다.

> 뚜껑 열자마자 고소하고 맛있는 냄새가 집 안을 가득 채우니 아이가 "어디서 이렇게 맛있는 냄새가 나는 거야?"라면서 잘 먹더라고요. 앞으로 솥밥만 해 먹을게요 ♥

아이의 "또 줘요" 한마디에 심쿵♥ 요리 1도 안 하고 살던 제가 엄마가 되니 솥밥을 하게 되네요. 내 옷 쇼핑은 귀찮아도 솥에 심쿵하고 마늘쫑 솥밥에 우리 아들 웃음 만개하니 저까지 웃게 돼요. 행복이 별게 있을까요? 이런 게 행복이죠♥

솥밥은 사랑입니다. 반찬에 밥도 해주고 볶음밥, 덮밥 다 해줬는데도 솥밥만큼 잘 먹는 게 없어서 그저 솥밥만 보고 가렵니다. 비비안 님 덕에 아이가 밥을 너무 잘 먹어요. 솥밥으로 사진첩이 꽉 찰 때까지 더더더 많은 솥밥 해볼래요. 솥밥 여신 비비안 님, 최고♥

남편도 또 해달라 하시는 멸치 감자 솥밥. 힘들게 밥하지 말고 늘 외식하자고 말해주는 남편인데…. 미안한데 내일도 해주면 안 되냐며…. 아기 멸치 듬뿍 넣고 감자도 듬뿍 넣고, 쌀 잘 안 먹는 저도 유일하게 두 그릇 먹는 레시피♥

워낙 입 짧은 아이라 안 먹을까 걱정했는데 다행히도 잘 먹어줬어요. 감사합니다!

어제도 우리 아기 완밥하고 오늘은 전복 솥밥 또 완밥했어요♥ 너무 감격스러워요. 솥밥 레시피는 무조건 비비안입니다.

PART 1
채소 편식하는 아이도 잘 먹는 솥밥 레시피

채소 편식은 많은 부모님들의 공통된 고민이에요. 건강을 생각해 한 입이라도 더 먹이려 애쓰다 보면, 어느새 밥상은 전쟁터가 되어 버리고, 아이와 부모님 모두 상처받고 지쳐가죠. 특히 채소의 색깔, 식감, 향이 아이들에겐 낯설게 느껴질 수 있답니다. 아이가 식사 시간에 흥미를 가지면서, 채소를 자연스럽게 받아들이게 하는 방법을 고민하던 제가 찾은 해답은 솥밥이었어요. 솥밥은 재료 본연의 맛과 향을 살리면서도 다른 재료들과 조화를 이루어 아이들이 부담 없이 먹을 수 있어요. 솥밥을 통해 채소는 낯선 것이 아니라, 맛있는 음식으로 기억된답니다. 오늘도 아이의 건강한 한 끼를 위해 애쓰는 모든 부모님들에게 솥밥 레시피가 따뜻한 위로와 도움이 되길 바랍니다.

색다른 맛의 조화로 편식 해결!
파프리카 톳 솥밥

처음에 파프리카와 톳을 함께 넣은 솥밥을 만들 때, 파프리카의 달콤한 맛과 톳의 고유한 감칠맛이 잘 어울릴지 고민했어요. 그런데 주혁이가 생각보다 아주 잘 먹더라고요. 그때 톳의 자연스러운 감칠맛이 파프리카의 단맛과 아주 잘 어울린다는 걸 깨달았어요. 톳은 자연의 MSG라 불릴 만큼 깊은 감칠맛을 내는데, 파프리카와 만나면 더 풍부한 감칠맛을 내는 효과가 있어요. 파프리카의 달콤한 맛과 톳의 깊은 감칠맛이 어우러져 아이가 좋아할 만한 색감과 맛을 담은 한 끼가 완성되었습니다.

 톳의 섬유질과 미네랄은 소화 건강과 뼈 건강을 돕고, 파프리카는 비타민 C와 항산화 성분이 풍부해 면역 기능을 유지하는 데 도움을 줍니다. 특히 톳의 철분과 파프리카의 비타민 C가 만나 철분 흡수율을 더욱 높여줘요.

재료

쌀 250g
채수 280ml
파프리카 80g
양파 80g
밥 톳 1T
기 버터 1T

- 아이가 파프리카의 아삭한 식감에 예민하다면, 약불로 끓일 때 넣고 푹 익혀주세요.
- 빨간 파프리카가 제일 달지만, 색감에 예민하다면 노란색이나 주황색 파프리카로 소량부터 시작하세요.
- 다진 소고기를 볶아 뜸 들일 때 같이 넣으면 고소한 풍미는 물론 단백질과 철분까지 챙길 수 있어요.
- 아이가 톳 향에 익숙하지 않다면 티스푼으로 소량 넣어주세요.

1 쌀은 깨끗이 씻어 물기를 빼고 30분간 불린다. 파프리카는 반을 갈라 씨를 뺀 다음 먹기 좋은 크기로 썰고 양파는 다진다.

2 솥에 기 버터와 파프리카를 넣은 후 약불로 살짝 볶은 다음 덜어낸다.

3 솥에 밥 톳, 양파, 불린 쌀, 채수를 넣고 뚜껑을 연 채 중불에서 끓기 시작하면 바닥까지 저어준다.

4 뚜껑을 닫고 약불로 15분간 끓인 후 불을 끄고 볶은 파프리카를 넣은 다음 10분간 뜸 들인다.

꼭꼭 숨겨서 먹이기 작전
파프리카 우엉 갈색 팽이버섯 솥밥

아이가 파프리카는 구워도, 볶음밥에 넣어도, 생으로 줘도 귀신같이 골라낸다고 속상해하는 엄마가 계셨어요. 그래서 고민하다 파프리카의 향과 색감은 감추고 고기 색감과 비슷한 우엉과 갈색 팽이버섯에 노란 파프리카를 약간 섞어 솥밥을 만들어줬더니, 파프리카가 들어 있다는 걸 모르고 완밥했다고 해요. 그때부터 아이가 파프리카에 조금씩 적응해 점차 양을 늘려가서 이제는 숨기지 않아도 잘 먹어요. 우엉과 갈색 팽이버섯 풍미가 더욱 강조되어 파프리카의 단맛과 자연스럽게 어우러져요.

갈색 팽이와 우엉의 식이 섬유가 소화 건강을 돕습니다. 파프리카는 비타민 C와 항산화 성분이 풍부해 면역 기능 유지 및 피부 건강에 도움이 됩니다. 또 미네랄과 식이 섬유가 풍부해 소화 건강과 면역 기능 유지에 도움이 돼요.

재료

쌀 250g
채수 280ml
파프리카 80g
우엉 80g
갈색 팽이버섯 100g
양파 50g
올리브 오일 1T

- 아이가 파프리카의 아삭한 식감에 예민하다면, 약불로 끓일 때 넣고 푹 익혀주세요.
- 빨간 파프리카가 제일 달지만, 색감에 예민하다면 노란색이나 주황색 파프리카로 소량부터 시작하세요.
- 흙 묻은 우엉을 구입했을 때는 깨끗이 씻어 껍질을 벗긴 후 다지면 수월합니다. 남은 우엉은 흙이 묻은 상태로 신문지나 종이에 싸서 냉장고 신선칸 또는 서늘하고 어두운 곳에 보관하세요.
- 우엉의 아린 맛은 따로 제거하지 않아도 솥에서 익는 동안 자연스럽게 빠집니다.

1 쌀은 깨끗이 씻어 물기를 빼고 30분간 불린다. 파프리카는 반을 갈라 씨를 빼고 먹기 좋게 썰고 양파는 다진다.

2 우엉은 껍질을 벗긴 후 잘게 다지고, 갈색 팽이버섯은 먹기 좋게 썬다.

3 솥에 올리브 오일, 파프리카를 넣은 다음 약불에서 살짝 볶은 후 덜어낸다.

4 솥에 양파, 우엉, 갈색 팽이버섯, 불린 쌀을 넣고 약불에서 섞어가며 살짝 볶는다.

5 채수를 넣고 뚜껑을 연 채 중불에서 끓기 시작하면 바닥까지 저어준다.

6 뚜껑을 닫고 약불에서 15분간 끓인 후 불을 끄고 볶은 파프리카를 넣은 다음 10분간 뜸 들인다.

편식엔 역시 솥밥이 최고!
파프리카 닭 안심 솥밥

주혁이는 닭고기를 유난히 좋아해요. 그래서 혹시나 하고 닭고기와 파프리카를 넣어 볶음밥을 해줬는데, 닭고기만 골라 먹어 거절당하고 말았죠. 그래서 솥밥에 넣어봤더니, 싹싹 긁어서 세 그릇이나 먹더라고요. 역시 솥밥이 최고입니다. 닭고기와 파프리카 편식을 한 방에 해결할 수 있게 해주는 솥밥이에요.

파프리카의 단맛과 닭 안심의 담백함이 잘 어우러지고, 자연스러운 단맛과 풍미가 더해져 아이가 맛있게 먹을 수 있어요. 닭 안심은 기름기가 적고 소화도 잘되기 때문에 아이가 부담 없이 섭취할 수 있어요. 파프리카의 비타민 C와 닭고기의 단백질이 만나 면역 건강과 근육 발달을 도와주죠. 또 파프리카의 비타민 A와 닭 안심의 철분이 시력 건강과 혈액순환을 돕는 완벽한 궁합을 이룹니다.

재료

쌀 250g
채수 280ml
파프리카 80g
닭 안심 250g
양파 80g
다진 마늘 1T
올리브 오일 1T

- 아이가 파프리카의 아삭한 식감에 예민하다면, 약불로 끓일 때 넣고 푹 익히세요.
- 빨간 파프리카가 제일 달지만, 아이가 색감에 예민하다면 노란색이나 주황색 파프리카로 소량부터 시작하세요.
- 닭고기 편식이 심하다면 닭고기를 소량(30~50g) 삶아 초퍼로 잘게 다진 후 솥밥에 넣으세요. 이때 밥과 다른 재료로 가려 잘 안 보이도록 하면, 아이가 자연스럽게 닭고기를 섭취할 수 있습니다. 처음에는 소량으로 시작하고, 아이가 적응하면 차츰 양을 늘려주세요.

1 쌀은 깨끗이 씻어 물기를 빼고 30분간 불린다. 파프리카는 반을 갈라 씨를 빼고 먹기 좋게 썰고 양파는 다진다.

2 닭 안심은 힘줄을 제거하고 끓는 물에 5분간 데친 후 건져내 잘게 자른다.
★ 촉촉한 식감을 위해 솥에서 마저 익힙니다.

3 솥에 올리브 오일, 파프리카를 넣어 약불에서 볶은 후 덜어낸다.

4 솥에 다진 마늘, 양파, 불린 쌀을 넣고 약불에서 살짝 볶아준다.
★ 수분이 많은 재료를 사용할 때는 쌀을 볶아 수분을 날려요.

5 채수를 넣고 뚜껑을 연 채 중불에서 끓기 시작하면 바닥까지 저어준다.

6 데친 닭 안심을 넣은 후 뚜껑을 닫고 약불에서 15분간 끓인 다음 불을 끄고 파프리카를 넣고 10분간 뜸 들인다.

부드러운 맛의 영양 가득 한 그릇!

파프리카 두부 솥밥

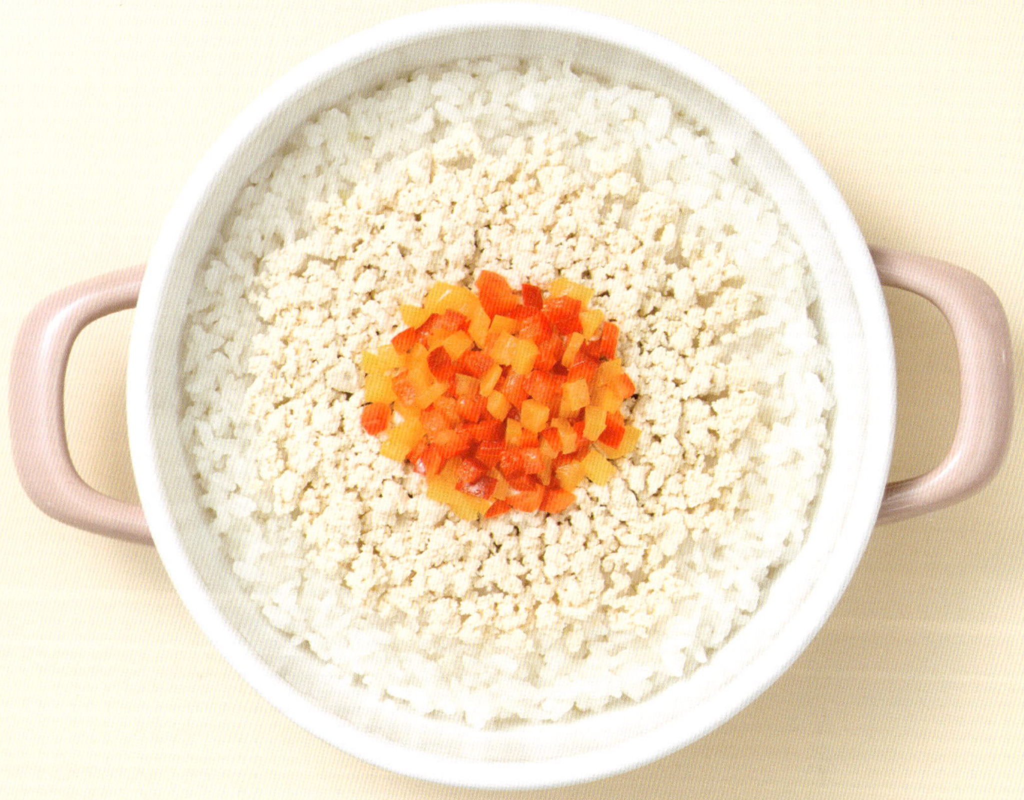

솥밥을 하면서 두부의 활용도가 이렇게 높은지 처음 알았어요. 고기, 생선, 채소 등 어떤 재료라도 두부만 넣어주면 부드럽고 고소한 맛이 더해져 아이가 너무 잘 먹어요. 파프리카의 달콤한 맛과 두부의 부드러운 식감이 완벽하게 어우러져, 아이가 좋아하는 레시피가 완성되었어요.

파프리카는 비타민 C가 풍부해 면역 기능 유지 및 피부 건강에 도움을 줍니다. 두부는 고단백, 저지방 식품으로 근육 발달과 뼈 건강에 좋습니다. 또 두부의 칼슘은 성장기 아이의 뼈 발달에 반드시 필요한 영양소입니다.

재료

쌀 250g
채수 280ml
파프리카 80g
두부 1/2모(150g)
양파 80g
올리브 오일 1T

 TIP
- 두부는 솥에 수분감 없이 오래 볶으면 탈 수 있으니 더 고소한 맛을 위해 팬에서 볶는 걸 추천해요. 쌀이랑 같이 볶아도 됩니다.
- 아이가 파프리카의 아삭한 식감에 예민하다면, 약불로 끓일 때 넣고 푹 익히세요.
- 빨간 파프리카가 제일 달지만, 아이가 색감에 예민하다면 노란색이나 주황색 파프리카로 소량부터 시작하세요.

1 쌀은 깨끗이 씻어 물기를 빼고 30분간 불린다. 파프리카는 반을 갈라 씨를 빼고 먹기 좋게 썰고 양파는 다진다.

2 기름을 두르지 않은 팬에 두부를 으깨 넣어 중약불에서 고슬고슬하게 볶는다.

3 솥에 올리브 오일, 파프리카를 넣고 약불에서 볶은 다음 덜어낸다.

4 솥에 양파, 불린 쌀을 넣고 약불에서 한 번 더 살짝 볶는다.
★ 수분이 많은 재료를 사용할 때는 쌀을 볶아 수분을 날려요.

5 채수를 넣고 뚜껑을 연 채 중불에서 끓기 시작하면 바닥까지 저어준다.

6 뚜껑을 닫고 약불에서 15분간 끓이다가 불을 끄고 볶은 두부, 파프리카를 올린 후 10분간 뜸 들인다.

편식 걱정 끝, 영양 꽉 채운 한 그릇
브로콜리 연두부 솥밥

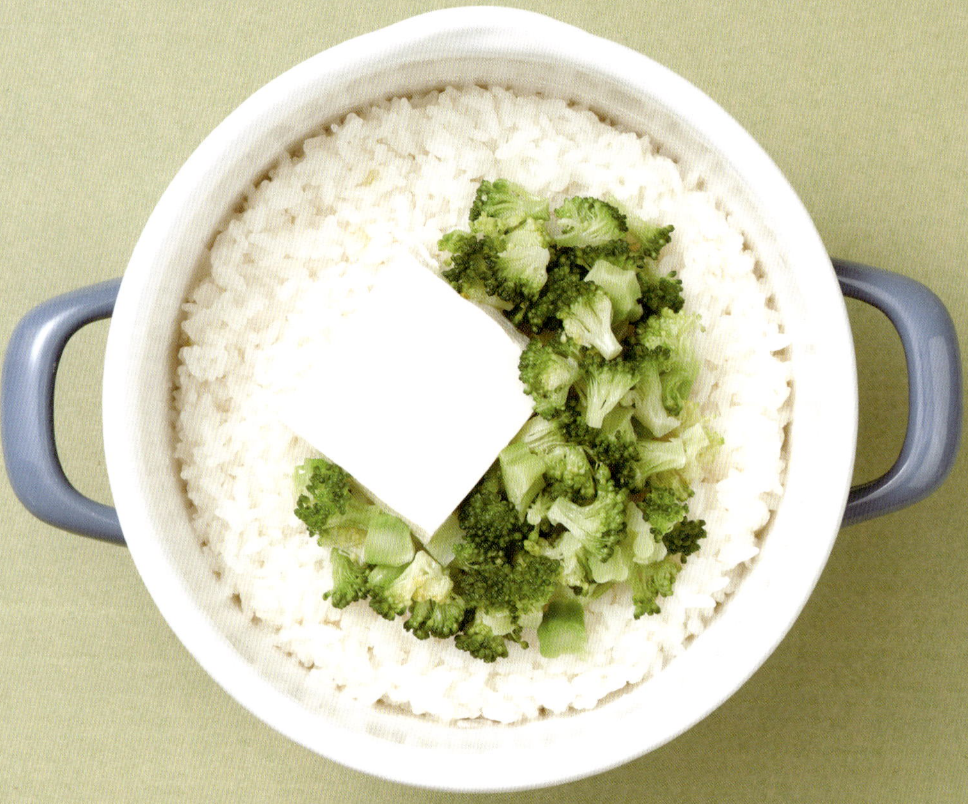

브로콜리는 사실 저도 잘 챙겨 먹지 않는 채소 중 하나였어요. 한 송이 사도 어중간하게 남아서 잘 안 사게 되더라고요. 하지만 솥밥을 만들면서부터는 버릴 일이 전혀 없어요. 두부의 부드러운 식감 덕에 브로콜리의 쌉쌀한 맛이 중화되고, 솥밥에서 여러 재료의 맛이 스며들어 자연스러운 단맛과 풍미로 아이들의 입맛을 사로잡죠. 이제 브로콜리 편식, 걱정하지 마세요.

 브로콜리의 비타민 C와 두부의 칼슘, 철분이 만나 뼈 건강과 면역 기능 유지에 도움이 됩니다. 또 단백질과 식이 섬유가 풍부해 소화 건강과 성장에 도움이 돼요.

재료

쌀 250g
다시 물 280ml
브로콜리 100g
연두부 150g
양파 50g
올리브 오일 1T

 TIP
- 아이가 브로콜리의 색감에 거부감이 강하다면 소량을 잘게 다져 약불에서 볶아 넣어주세요.
- 연두부는 모두부, 순두부로 대체 할 수 있으며 마른 팬에 물기 없이 한번 볶아주면 더 고소해져 아이가 잘 먹습니다.
- 먹기 전 들기름, 간 깨를 넣으면 더 영양과 풍미가 좋아요.

1 쌀은 깨끗이 씻어 물기를 빼고 30분간 불린다. 양파는 잘게 다지고 브로콜리는 줄기를 포함해 먹기 좋게 썬다.

2 연두부는 체에 받쳐 간수를 뺀다.

3 솥에 올리브 오일, 양파를 넣고 약불에서 볶는다.

4 솥에 불린 쌀, 다시 물을 넣고 뚜껑을 연 채 중불에서 끓기 시작하면 바닥까지 저어준다.

5 뚜껑을 닫고 약불로 5분간 끓인 후 브로콜리와 간수 뺀 연두부를 넣고 10분 더 끓인 다음 불을 끄고 10분간 뜸 들인다.

브로콜리 거부감 없애는 완벽한 조화

브로콜리 옥수수 버터 솥밥

노랗고 달콤한 옥수수와 고소한 풍미가 일품인 버터가 만나면, 맛이 보장되었다고 할 수 있죠. 브로콜리는 거들 뿐이에요. 편식하는 아이는 물론, 밥태기 겪는 아이도 입맛이 돌아오게 해줘요. 솥밥으로 조리하면 브로콜리의 쓴맛과 거친 식감이 옥수수의 달콤한 맛과 버터의 고소함이 어우러져, 부드럽고 촉촉해져요.

브로콜리의 비타민 C와 옥수수의 비타민 B군이 만나 비타민이 가득한 솥밥이에요. 또 브로콜리와 옥수수 모두 식이섬유가 풍부해 소화와 에너지 생산을 돕고, 버터는 지용성비타민의 흡수율을 높여 영양 보충에 효과적입니다.

재료

쌀 250g
다시 물 280ml
브로콜리 100g
옥수수 1개
양파 50g
기 버터 1T

 TIP
- 아이가 브로콜리 편식이 심하다면 브로콜리를 좀 더 잘게 다지고, 소량으로 약불에서 볶아 넣어주세요.
- 5~6월이 제철인 초당옥수수를 소분해 얼려두면 활용도가 높아요. 유기농 냉동 옥수수나 옥수수 통조림을 활용해도 좋아요. 150g 넣어주세요.
- 옥수수 심지를 넣는 것이 감칠맛을 더해주고 깊은 맛을 내는 비법입니다. 심지에서 나오는 자연스러운 맛 덕분에 다시 물 없이도 맛있는 밥을 지을 수 있어요. 심지가 없다면, 다시 물을 넣어 감칠맛을 더해주세요.

1 쌀은 깨끗이 씻어 물기를 빼고 30분간 불린다. 양파는 다지고 브로콜리는 줄기를 포함해 먹기 좋게 썬다.

2 옥수수는 심지와 알갱이를 분리해서 썬다.

3 솥에 기 버터, 양파를 넣고 약불에서 볶는다.

4 불린 쌀, 옥수수 심지, 알갱이, 다시 물을 넣고 뚜껑을 연 채 중불에서 끓기 시작하면 바닥까지 저어준다.

5 뚜껑을 닫고 약불에서 5분간 끓인 후 브로콜리를 넣고 10분 더 끓인 다음 불을 끄고 10분간 뜸 들인다.

맛과 영양을 동시에 채우는 한 그릇

브로콜리 새우 양파 솥밥

브로콜리는 아이는 물론이고 어른들도 호불호가 심한 채소입니다. 이런 때에 냉동실 한편에서 늘 자리를 차지하고 있는 새우는 제일 효과 좋은 치트키예요. 새우의 감칠맛과 풍미가 브로콜리의 쌉쌀한 맛을 감싸주고, 양파의 달콤한 맛이 더해져 은은한 단맛이 납니다. 브로콜리를 듬뿍 넣은 솥밥으로 영양까지 듬뿍 챙겨보세요.

 브로콜리의 비타민 C는 새우의 철분 흡수율을 높여 면역 기능 유지 및 성장기 영양 보충에 좋아요. 양파는 영양소 흡수를 촉진하며 비타민 C와 엽산이 풍부해 면역 기능을 유지하고 성장 발달에 도움을 주는 채소입니다. 새우는 고단백 식품으로 아연, 미네랄, 비타민 B가 풍부하죠.

재료

쌀 250g
채수 280ml
브로콜리 100g
새우 10마리
양파 80g
다진 마늘 1T
기 버터 1T

 TIP
- 아이가 브로콜리 편식이 심하다면 브로콜리를 좀 더 잘게 다지고, 소량으로 약불에서 볶아 넣어주세요.
- 여름엔 자색 양파를 활용하면 단맛이 더 강해져요.

1 쌀은 깨끗이 씻어 물기를 빼고 30분간 불린다. 양파는 다지고 브로콜리는 줄기를 포함해 먹기 좋게 썬다.

2 새우는 꼬리를 제거한 후 키친타월로 물기를 제거한다.

★ 물기를 꼼꼼하게 제거해야 비린 맛이 나지 않아요.

3 솥에 기 버터, 다진 마늘을 넣고 약불에서 볶다 향이 올라오면 새우를 넣고 겉면만 살짝 익혀 덜어낸다.

★ 촉촉한 식감을 위해 뜸 들일 때 마저 익힙니다.

4 솥에 양파, 불린 쌀, 채수를 넣고 뚜껑을 연 채 중불에서 끓기 시작하면 바닥까지 저어준다.

5 뚜껑을 닫고 약불로 5분간 끓인 후 브로콜리를 넣고 10분 더 끓인 다음 불을 끄고 볶은 새우를 넣어 10분간 뜸 들인다.

★ 새우를 뜸 들일 때 넣으면 식감이 부드러워요.

성장에 필요한 영양을 가득 담은 한 그릇
브로콜리 소고기 솥밥

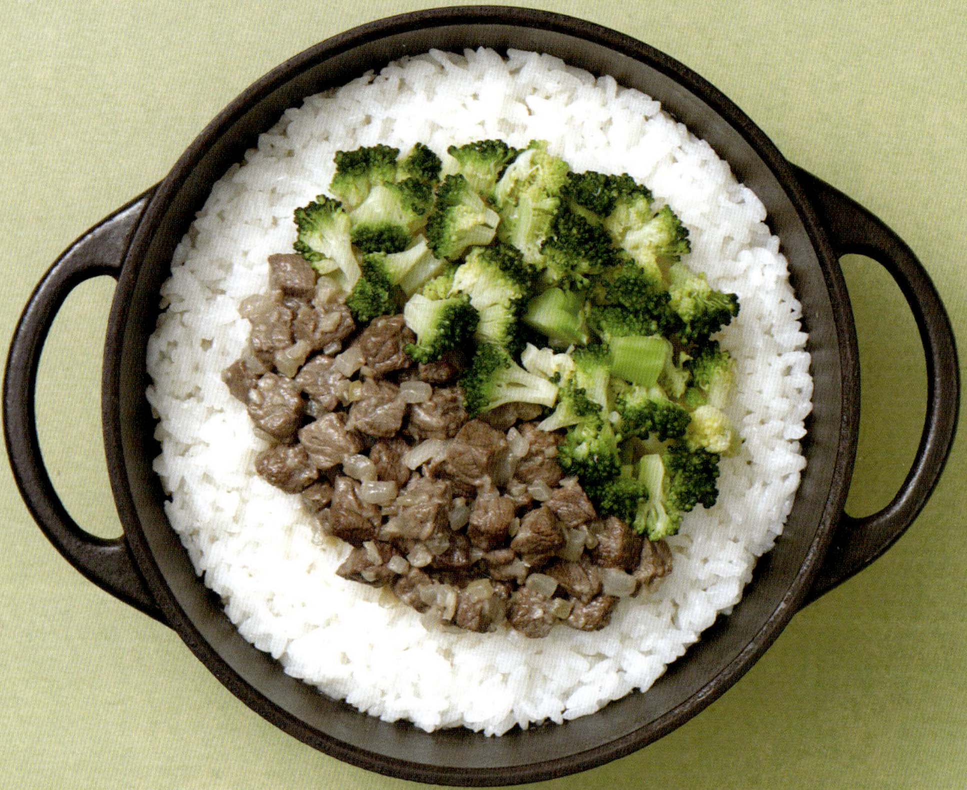

채소는 물론 초록색만 보면 손사래를 치고, 고기만 골라 먹는 아이가 많죠. 그래서 고민하던 인친님에게 브로콜리를 소량 넣어 만든 솥밥을 알려드렸어요. 그랬더니 아이가 거부감 없이 완밥했다는 소식에 저도 놀랐답니다. 소고기의 담백한 풍미와 밥의 단맛 덕분에 쌉쌀한 브로콜리가 부드럽고 촉촉해져 아이들이 거부감 없이 잘 먹는 레시피입니다. 브로콜리는 물론 소고기 편식까지 한 방에 해결하세요.

브로콜리의 비타민 C는 소고기의 철분 흡수율을 높여 면역력과 뼈 건강 강화에 도움을 줍니다. 소고기의 비타민 B군과 브로콜리의 항산화 성분이 소화 건강과 에너지 생산을 돕는 완벽한 조합이죠.

재료

쌀 250g
채수 280ml
브로콜리 100g
우둔살 150g
양파 80g
다진 마늘 1T
올리브 오일 1T

 TIP
- 아이가 브로콜리 편식이 심하다면 브로콜리를 좀 더 잘게 다지고, 소량으로 약불에서 볶아 넣어주세요.
- 우둔살은 지방 함량이 낮고 단백질, 철분이 풍부해 추천해요. 홍두깨살, 안심으로 대체 가능합니다.
- 소고기 편식이 심한 아이라면 소고기를 다져서 넣어주세요.
- 고기를 먼저 볶아 덜어낸 후 약불에 조리하면 맛이 좀 더 담백해지고, 처음부터 쌀과 함께 끓이면 고기의 감칠맛이 살아나요.

1 쌀은 깨끗이 씻어 물기를 빼고 30분간 불린다. 우둔살, 브로콜리는 먹기 좋게 썰고 양파는 다진다.

★ 브로콜리 줄기까지 사용하세요.

2 솥에 올리브 오일, 양파, 다진 마늘, 소고기를 넣고 핏기가 사라질 때까지 볶아 덜어낸다.

3 솥에 불린 쌀, 채수를 넣고 뚜껑을 연 채 중불에서 끓기 시작하면 바닥까지 저어준다.

4 뚜껑을 닫고 약불로 5분간 끓인 후 브로콜리, 볶은 소고기를 넣고 10분 더 끓이다가 불을 끄고 10분간 뜸 들인다.

풍미 가득한 맛의 조화
브로콜리 토마토 버섯 솥밥

주혁이처럼 토마토를 좋아하는 아이라면 아주 쉽게 브로콜리를 먹일 수 있는 레시피입니다. 토마토의 촉촉하고 달콤한 산미가 브로콜리의 쓴맛과 아삭한 식감을 중화하며, 전체적인 풍미를 높여줍니다. 또 버섯의 깊은 감칠맛 덕분에 아이가 맛있게 먹을 수 있죠. 다채로운 풍미에 엄마, 아빠도 맛있게 먹을 수 있어요.

토마토의 리코펜은 열에 조리하면 흡수율이 높아지고, 브로콜리의 비타민과 함께 섭취하면 항산화 효과를 더할 수 있어요. 버섯의 비타민 D는 뼈 건강과 성장기 영양 보충을 도와 아이들의 건강을 효과적으로 채워주는 레시피입니다.

재료

쌀 250g
채수 250ml
브로콜리 100g
토마토 1개
팽이버섯 80g
양파 50g
다진 마늘 1T
올리브 오일 1T

 TIP
- 아이가 브로콜리 편식이 심하다면 브로콜리를 좀 더 잘게 다지고, 소량으로 약불에서 볶아 넣어주세요.
- 토마토는 방울토마토로 대체 가능하며 10개 넣어 갈아주세요. 아이가 식감에 예민하다면 토마토를 십자로 칼집 낸 후 한번 데쳐 껍질을 벗긴 후 초퍼로 갈아주세요. 물 양은 토마토 수분 양에 따라 가감해주세요. 식감에 예민하지 않다면 껍질째 사용하는 것이 영양가가 더 높아요.
- 아이가 토마토를 편식한다면 신맛 없이 달콤한 100% 토마토 퓌레를 넣어주세요.
- 버섯은 아무것이나 괜찮아요. 갈색 팽이버섯을 넣으면 감칠맛과 풍미가 더 좋습니다.

1 쌀은 깨끗이 씻어 물기를 빼고 30분간 불린다. 브로콜리, 팽이버섯, 양파는 잘게 다진다.

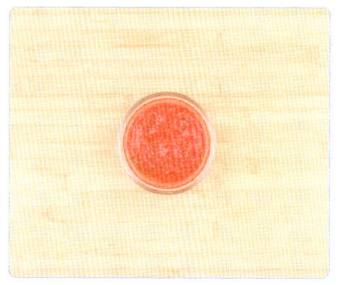

2 초퍼에 방울토마토를 넣고 갈아준다.
★ 퓌레 정도의 질감으로 갈아요.

3 솥에 올리브 오일, 다진 마늘, 브로콜리, 버섯, 양파를 넣고 약불로 저어가며 향이 올라올 때까지 볶는다.
★ 수분이 많은 재료를 사용할 때는 볶아서 수분을 날려요.

4 불린 쌀, 채수를 넣고 뚜껑을 연 채 중불에서 끓기 시작하면 바닥까지 저어주다가 뚜껑을 닫고 약불로 15분간 끓인 후 10분간 뜸 들인다.

감칠맛이 가득한 한 그릇
가지 새우 솥밥

저도 솥밥을 하기 전엔 주혁이가 가지를 절대 안 먹는 아이인 줄 알았어요. 반찬으로 해주면 가지만 쏙쏙 빼놓더라고요. 그렇게 항상 외면받던 가지를 솥밥에 조금 넣어봤더니, 가지가 들어간 줄도 모르고 잘 먹었어요. 솥밥으로 조리하면 가지가 촉촉하게 익고, 새우의 감칠맛이 쓴맛을 감싸줘, 가지를 싫어하는 아이도 즐길 수 있죠.

새우의 단백질과 가지의 풍부한 항산화 성분이 만나, 성장기 아이에게 좋은 균형 잡힌 한 끼가 되어줍니다. 새우는 고단백 식품으로 아이의 성장 발달에 꼭 필요한 영양소를 풍부하게 함유하고 있습니다. 가지는 안토시아닌, 항산화 성분이 풍부해 면역 기능을 유지하는데 도움을 줘요.

재료

쌀 250g
채수 280ml
가지 80g
새우 10마리
양파 50g
기 버터 1T
다진 마늘 1T

 TIP
- 가지 껍질에 영양소가 풍부하니 껍질째 사용하세요.
- 가지에서 수분이 나오므로, 기호에 따라 육수를 30ml 줄여서 조리해도 좋아요.
- 가지를 기름에 살짝 볶으면 영양 흡수율이 높아지고 쓴맛이 줄어들며 감칠맛이 극대화됩니다.
- 채수는 해물 육수 또는 다시 물로 대체 가능합니다.

1 쌀은 깨끗이 씻어 물기를 빼고 30분간 불린다. 가지, 양파는 다진다.

2 새우는 꼬리를 제거한 후 키친타월로 물기를 제거한다.
★ 물기를 꼼꼼하게 제거해야 비린 맛이 나지 않아요.

3 솥에 기 버터, 양파, 다진 마늘을 넣은 후 약불로 볶다가 향이 올라오면 새우를 넣어 겉면만 살짝 익힌 다음 덜어낸다.
★ 촉촉한 식감을 위해 뜸 들일 때 마저 익힙니다.

4 솥에 가지, 불린 쌀을 넣고 약불에서 살짝 볶다가 채수를 넣은 후 뚜껑을 연 채 중불에서 끓기 시작하면 바닥까지 저어준다.
★ 수분이 많은 재료를 사용할 때는 볶아서 수분을 날려요.

5 뚜껑을 덮고 약불로 15분간 끓인 다음 불을 끄고 새우를 넣어 10분간 뜸 들인다.
★ 새우를 뜸 들일 때 넣으면 식감이 부드러워요.

가지가 맛있어지는 토마토의 마법!

가지 토마토 솥밥

이탤리언 레스토랑에서 토마토 가지 리소토를 먹었을 때 토마토의 달콤한 맛과 가지의 감칠맛이 너무 잘 어울렸던 기억을 떠올리며 가지 토마토 솥밥을 만들었어요. 별다른 재료를 넣지 않아도 토마토와 가지의 궁합은 환상적이었고, 아이도 맛있게 잘 먹었답니다. 토마토 국물이 가지에 스며들어 푹 익고, 밥을 지을 때 퍼지는 고급스러운 라자냐 향 덕분에 편식하는 아이도, 밥태기를 겪는 아이도 거부할 수 없는 레시피입니다.

 토마토의 감칠맛(글루탐산)이 가지의 쓴맛을 덮어줍니다. 가지와 토마토는 항산화 성분이 풍부해 함께 먹으면 효과가 더욱 커져요. 토마토의 리코펜은 면역 기능 유지 및 혈관 건강에 도움을 주고, 가지의 안토시아닌은 세포 보호와 염증 완화에 도움을 줍니다.

재료

쌀 250g
채수 250ml
토마토 1개
가지 80g
양파 50g
다진 마늘 1T
기 버터 1T

 TIP

- 아이가 가지 편식이 심하다면 가지는 소량만 사용하고, 100% 토마토 퓨레 80~100ml를 3번 과정에 넣어보세요. 달콤한 풍미가 더해져 토마토 편식까지 자연스럽게 해결할 수 있어요.
- 토마토 꼭지를 떼고 세로로 칼집 낸 다음 뜨거운 물에 데쳐 식힌 후 껍질을 벗겨주면 걸리는게 없어 식감에 민감한 아이들도 잘 먹어요. 토마토 식감에 예민하지 않다면 껍질째 사용하는 것이 영양가가 더 높아요.
- 토마토 대신 방울토마토 10개를 넣어도 됩니다. 물 양은 토마토 수분 양에 따라 가감해주세요.
- 솥밥에 자연 치즈를 올려 뜸 들이면 풍미가 더 좋을 뿐 아니라 단백질, 칼슘까지 챙겨줄 수 있어요.
- 다진 소고기를 따로 볶아 뜸 들이기 전에 올려도 좋아요.

1 쌀은 깨끗이 씻어 물기를 빼고 30분간 불린다. 가지, 양파는 잘게 다진다.

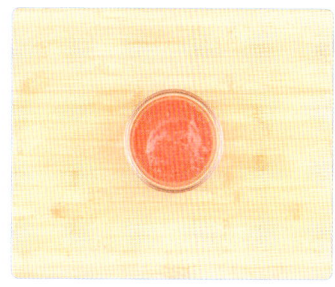

2 초퍼에 방울토마토를 넣고 갈아준다.
★ 퓨레 정도의 질감으로 갈아요.

3 솥에 기 버터, 다진 마늘, 가지, 양파, 토마토를 넣고 약불에서 향이 올라올 때까지 볶는다.
★ 수분이 많은 재료를 사용할 때는 볶아서 수분을 날려요.

4 불린 쌀, 채수를 넣고 뚜껑을 연 채 중불에서 끓기 시작하면 바닥까지 저어준 후 뚜껑을 덮고 약불로 줄여 15분간 끓인 다음 불을 끄고 10분간 뜸 들인다.

편식 걱정 끝! 영양 꽉 찬 고소한 한 그릇
가지 들깨 솥밥

들깻가루는 저도 가끔 별미로만 감자탕이나 수제비에 넣어 먹던 재료인데, 풍미가 좋아 솥밥에 한 스푼 넣었더니 너무 고소하고 맛있더라고요. 그래서 매주 2~3회는 솥밥에 꼭 넣는 애착 재료가 되었죠. 고소한 들깨의 자연적인 감칠맛이 가지의 쓴맛을 중화하고 밥을 짓는 동안 밥알 하나하나에 고소함이 스며들어 숟가락이 절로 갑니다.

가지의 미네랄(칼륨, 마그네슘)이 뼈 형성과 근육 기능 조절을 돕고, 체내 균형을 유지해줍니다. 들깨의 오메가3 지방산은 성장기 영양 보충을 돕고 기억력 향상에 도움이 됩니다. 그리고 칼슘까지 풍부해 뼈 건강에도 도움이 됩니다.

재료

쌀 250g
다시 물 250ml
가지 80g
양파 50g
다진 마늘 1T
들깻가루 1T
올리브 오일 1T

 TIP
- 다진 소고기를 볶아 뜸 들일 때 올려도 좋습니다. 고기를 먼저 볶아 덜어낸 후 약불에 조리하면 맛이 좀 더 담백해지고, 처음부터 쌀과 함께 끓이면 고기의 감칠맛이 살아나요.
- 들깨는 약불로 줄인 후 넣으면 영양과 고소한 풍미를 살릴 수 있어요.
- 먹기 전에 들기름을 넣어주면 더 고소해져요.

1 쌀은 깨끗이 씻어 물기를 빼고 30분간 불린다. 가지, 양파는 다진다.

2 솥에 올리브 오일, 양파, 다진 마늘을 넣고 약불에서 볶는다.

3 향이 올라오면 솥에 가지, 불린 쌀을 넣고 살짝 볶다가 다시 물을 넣고 뚜껑을 연 채 중불에서 끓인다.

★ 수분이 많은 재료를 사용할 때는 쌀을 볶아 수분을 날려요.

4 끓기 시작하면 약불로 줄인 후 들깻가루를 넣고 바닥까지 젓는다. 그런 다음 뚜껑을 닫고 약불에서 15분간 끓인 후 불을 끄고 10분간 뜸 들인다.

애호박의 달콤함으로 가지 편식 극복

가지 애호박 솥밥

가지 편식 심한 아이들이 많죠. 볶음, 찌개, 전 등 다양한 요리에 활용하다 보면 늘 어중간하게 남는 애호박을 가지와 함께 넣어 솥밥을 지어보세요. 애호박의 자연스러운 단맛에 편식하는 아이도 맛있게 먹을 수 있습니다. 부드러운 감칠맛 덕분에 가지와 애호박을 싫어하는 아이도 거부감 없이 즐길 수 있는 마법 같은 레시피입니다.

 가지의 나수닌은 뇌 건강과 혈관 보호, 애호박의 베타카로틴과 비타민 C는 면역 기능 유지와 감기 예방에 도움을 줍니다. 두 채소 모두 식이 섬유가 풍부해 장 건강과 변비 예방까지 한 번에 해결할 수 있죠.

재료

쌀 250g
채수 280ml
가지 80g
애호박 80g
양파 50g
다진 마늘 1T
기 버터 1T

- 당근, 버섯, 우엉 등 자투리 채소를 넣어 밥을 지어도 좋아요.
- 다진 소고기를 볶아 뜸 들일 때 올리면 단백질, 철분까지 더 풍부하게 챙길 수 있습니다.
- 먹기 전 간 깨, 참기름을 넣으면 고소한 풍미가 더 살아나요.

1 쌀은 깨끗이 씻어 물기를 빼고 30분간 불린다. 가지, 애호박, 양파는 다진다.

2 솥에 기 버터, 양파, 다진 마늘을 넣고 약불에서 볶는다.

3 향이 올라오면 솥에 가지, 애호박, 불린 쌀을 넣고 살짝 볶는다.

★ 수분이 많은 재료를 사용한다면 쌀을 볶아 수분을 날려요.

4 채수를 넣고 뚜껑을 연 채 중불에서 끓기 시작하면 바닥까지 저어준다.

5 뚜껑을 닫고 약불에서 15분간 끓인 다음 불을 끄고 10분간 뜸 들인다.

고소한 갈색 팽이버섯이 감칠맛을 극대화!

가지 갈색 팽이버섯 솥밥

가지 싫어하는 아이들이 정말 많아요. 심지어 어른들도 호불호가 심하게 나뉩니다. 이럴 때는 갈색 팽이버섯을 활용해보세요. 일반 팽이버섯과 달리 향이 진하고 감칠맛이 나는 갈색 팽이버섯은 무염식을 하는 주혁이에게 천연 MSG 같은 존재예요. 그래서 저희 집에서는 늘 빠지지 않고 쟁여두는 필수 재료죠. 감칠맛과 부드러운 식감 덕분에 가지를 싫어하던 아이도 맛있게 먹을 수 있어 자연스럽게 편식을 극복하게 해주는 건강한 솥밥 레시피입니다.

 가지 속 클로로겐산이 세포 손상을 막고 염증을 줄이며 면역 기능 유지에 도움을 줍니다. 버섯에 풍부한 식이 섬유는 장 건강을 도와 변비를 예방하며, 소화 흡수를 원활하게 해줍니다.

재료

쌀 250g
채수 250ml
가지 80g
갈색 팽이버섯 100g
양파 50g
다진 마늘 1T
기 버터 1T

 TIP
- 버섯은 두 가지 정도 섞어 넣어주면, 씹는 질감, 맛이 더 풍부해 밥태기 아이도 흥미를 가지고 먹을 수 있어요.
- 당근, 버섯, 호박 등 자투리 채소를 넣어 솥밥을 지어도 좋아요.
- 다진 소고기를 볶아 뜸 들일 때 올리면, 가지가 소고기의 철분 흡수율을 높여줍니다.
- 먹기 전 간 깨, 참기름을 넣으면 고소한 풍미가 살아나요.

1 쌀은 깨끗이 씻어 물기를 빼고 30분간 불린다. 갈색 팽이버섯은 잘게 썰고 가지, 양파는 다진다.

2 솥에 기 버터, 양파, 다진 마늘을 넣고 약불에서 볶는다.

3 향이 올라오면 솥에 가지, 갈색 팽이버섯, 불린 쌀을 넣고 살짝 볶은 후 채수를 넣고 뚜껑을 연 채 중불에서 끓인다.
★ 수분이 많은 재료를 사용할 때는 쌀을 볶아 수분을 날려요.

4 끓기 시작하면 바닥까지 저어준 후 뚜껑을 닫고 약불에서 15분간 끓인 다음 불을 끄고 10분간 뜸 들인다.

200만 뷰 밥태기 극복 끝판왕 레시피
버섯 들깨 솥밥

정말 많은 아이가 이 레시피로 밥태기를 극복했다는 소문에 소문을 타고 알고리즘까지 타서 200만 뷰를 기록했어요. 저를 수면 위로 떠오르게 해준, 절대 잊을 수 없는 레시피죠. 버섯의 부드러운 식감과 들깨의 고소한 풍미, 양파의 감칠맛이 밥과 조화를 이루어 아이가 바닥까지 싹싹 긁어 먹게 하는 최강 레시피입니다.

 버섯의 단백질과 비타민, 들깨의 오메가3 지방산이 성장기 아이의 영양 보충과 피부 건강, 면역 기능 유지에 도움을 줍니다. 들깨의 칼슘까지 더해 성장기에 필요한 영양을 가득 채워줍니다.

재료

쌀 250g
채수 280ml
버섯 150g(종류 무관)
양파 70g
들깻가루 2T
들기름 1T
올리브 오일 1T

 TIP

- 버섯을 한번 볶아 들깻가루와 들기름에 버무리면 양념이 더 잘 스며들어 감칠맛이 배가돼요.
- 먹기 전에 들기름이나 참기름, 간 깨를 추가하면 고소한 풍미가 살아나요.
- 버섯은 한 가지만 넣어도 좋지만, 여러 종류를 준비하면 다채로운 식감을 즐길 수 있습니다.
- 양송이버섯을 사용할 때는 겉껍질이 질길 수 있으니 한번 벗겨 사용하세요.
- 채수 대신 다시 물을 넣으면 깔끔한 감칠맛이 납니다.

1 쌀은 깨끗이 씻어 물기를 빼고 30분간 불린다. 버섯, 양파는 다진다.

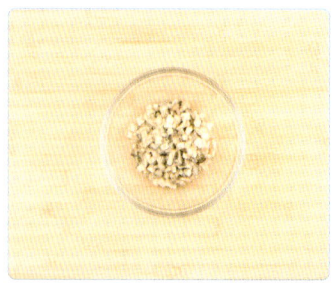

2 솥에 올리브 오일, 버섯을 넣어 약불로 살짝 볶아 덜어낸 다음 들기름, 들깻가루를 넣어 버무린다.

3 솥에 양파, 불린 쌀, 채수를 넣고 뚜껑을 연 채 중불에서 끓기 시작하면 바닥까지 저어준다.

4 볶은 버섯을 올리고 뚜껑을 닫은 후 약불에서 15분간 끓인 다음 불을 끄고 10분간 뜸 들인다.

식감 때문에 편식하는 아이도 한 그릇 뚝딱
버섯 우엉 솥밥

국, 찌개, 볶음 등 어디에 넣어도 맛있는 영양 만점 버섯. 이렇게 맛있는 버섯을 싫어하는 사람이 있을까 생각했는데, 의외로 많은 아이들이 버섯의 쫄깃함과 미끈거리는 식감때문에 싫어하더라고요. 솥밥에 버섯을 넣으면 질감이 부드럽고 촉촉해져요. 우엉의 고소한 풍미까지 끌어올리죠. 덕분에 버섯 싫어하는 아이도 거부감 없이 먹게 되죠.

버섯의 단백질과 우엉의 식이 섬유가 근육 발달과 소화를 돕고, 우엉의 칼륨은 체내 수분 균형을 유지하게 해줍니다.

재료

쌀 250g
채수 280ml
버섯 150g(종류 무관)
우엉 120g
양파 70g
올리브 오일 1T

- 버섯은 한 가지만 넣어도 좋지만, 여러 종류를 준비하면 다채로운 식감을 즐길 수 있습니다.
- 흙 묻은 우엉을 구입했을 때는 깨끗이 씻은 후 껍질을 벗겨 다지면 손질하기 쉽습니다. 남은 우엉은 흙 묻은 상태로 신문지나 종이에 싸서 냉장고 신선칸 또는 서늘하고 어두운 곳에 보관하세요.
- 우엉의 아린 맛은 따로 제거하지 않아도 솥에서 익는 동안 자연스럽게 빠집니다.

1 쌀은 깨끗이 씻어 물기를 빼고 30분간 불린다. 버섯은 잘게 썰고 양파는 다진다.

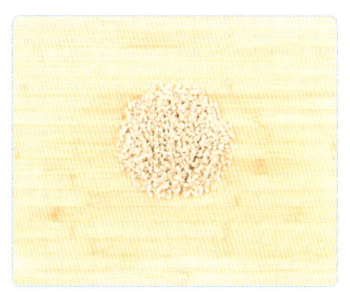

2 우엉은 껍질을 벗긴 후 초퍼로 잘게 다진다.

3 솥에 올리브 오일, 양파를 넣고 약불에서 볶다가 향이 올라오면 버섯, 우엉, 불린 쌀을 넣고 살짝 볶는다.

4 채수를 넣고 뚜껑을 연 채 중불에서 끓기 시작하면 바닥까지 저어준다.

5 뚜껑을 닫고 약불에서 15분간 끓인 후 불을 끄고 10분간 뜸 들인다.

영양을 효과적으로 채워주는 완벽한 파트너
버섯 두부 솥밥

밥태기 아이는 물론이고 두부를 싫어하는 아이도 잘 먹을 수 있을 만큼 고소한 맛이 강력한 레시피예요. 두부의 부드러운 식감이 버섯의 쫄깃한 식감과 강한 향을 부드럽게 감싸주어 버섯의 감칠맛이 두드러지죠. 솥밥으로 아이가 건강한 식재료와 친해질 수 있도록 도와주세요.

 버섯의 비타민 D가 두부의 칼슘 흡수를 보조해 면역 기능 유지와 근육 발달을 돕고, 뼈를 더욱 튼튼하게 도와줍니다.

재료

쌀 250g
채수 280ml
버섯 150g(종류 무관)
두부 1/2모(150g)
양파 70g
올리브 오일 1T

 TIP

- 버섯은 한 가지만 넣어도 좋지만, 여러 종류를 준비하면 다채로운 식감을 즐길 수 있습니다.
- 두부는 으깨지 않고 먹기 좋게 썰어 물기를 제거한 후 들기름에 노릇하게 구우면 풍미가 살아납니다. 구운 두부는 솥밥에 뜸 들일 때 함께 넣어 별미로 즐길 수 있어요.
- 뜸 들일 때 들깻가루를 넣으면 맛은 물론 영양까지 챙길 수 있습니다.

1 쌀은 깨끗이 씻어 물기를 빼고 30분간 불린다. 버섯, 양파는 다진다.

2 기름을 두르지 않은 팬에 두부를 으깨 넣어 중약불에서 고슬고슬하게 볶는다.

3 솥에 올리브 오일, 양파를 넣고 약불에서 볶다가 향이 올라오면 버섯, 불린 쌀을 넣고 살짝 볶는다.

4 채수를 넣고 뚜껑을 연 채 중불에서 끓기 시작하면 바닥까지 저어준다.

5 볶은 두부를 넣고 뚜껑을 닫고 약불에서 15분간 끓인 다음 불을 끄고 10분간 뜸 들인다.

밥태기 아이도 잘 먹는 자연 MSG
버섯 톳 솥밥

톳이 몸에 좋은 건 알았지만, 사실 직접 요리해본 적은 없었어요. 아이를 낳은 후 건강하고 다양한 식재료를 접하게 되면서, 덩달아 저도 건강해지는 듯한 기분이 들어요. 톳이 이렇게 감칠맛 풍부한 재료라는 건 솥밥을 하면서 알게 되었죠. 톳은 자연의 MSG 같은 부드러운 감칠맛이 버섯의 쫄깃한 식감과 강한 향을 감싸주고 은은한 단맛이 나는 밥과 어우러져 버섯의 질감과 향에 대한 거부감을 없애줍니다. 솥밥으로 아이에게 영양을 가득 선물하세요.

 버섯의 비타민 D는 톳의 칼슘 흡수를 돕습니다. 톳의 철분과 아연은 영양 보충과 면역 기능 유지에 도움을 줍니다.

재료

쌀 250g
채수 270ml
버섯 150g(종류 무관)
밥 톳 1T
양파 70g
올리브 오일 1T

 TIP
- 버섯은 한 가지만 넣어도 좋지만, 여러 종류를 준비하면 다채로운 식감을 즐길 수 있습니다.
- 밥 톳이 아닌 생톳 사용 시 흐르는 물에 흔들어 씻어 불순물을 털어내고, 찬물에 20~30분간 불려 짠맛을 빼고 끓는 물에 한번 데친 후 2번 과정에서 같이 넣어주세요.
- 아이가 톳 향에 익숙하지 않다면 티스푼으로 소량 넣어주세요.

1 쌀은 깨끗이 씻어 물기를 빼고 30분간 불린다. 버섯은 잘게 썰고 양파는 다진다.

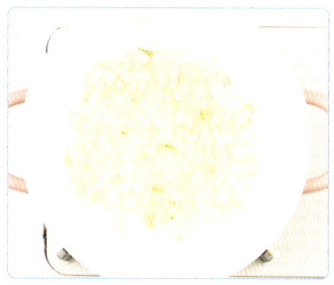

2 솥에 올리브 오일, 양파를 넣고 약불에서 볶는다.

3 향이 올라오면 버섯을 넣고 살짝 볶은 후 불린 쌀, 밥 톳, 채수를 넣어 뚜껑을 연 채 중불에서 끓인다.

4 끓기 시작하면 바닥까지 저어준 후 뚜껑을 닫고 약불에서 15분간 끓인 다음 불을 끄고 10분간 뜸 들인다.

자연스러운 단맛과 영양이 가득한 한 그릇
당근 감자 솥밥

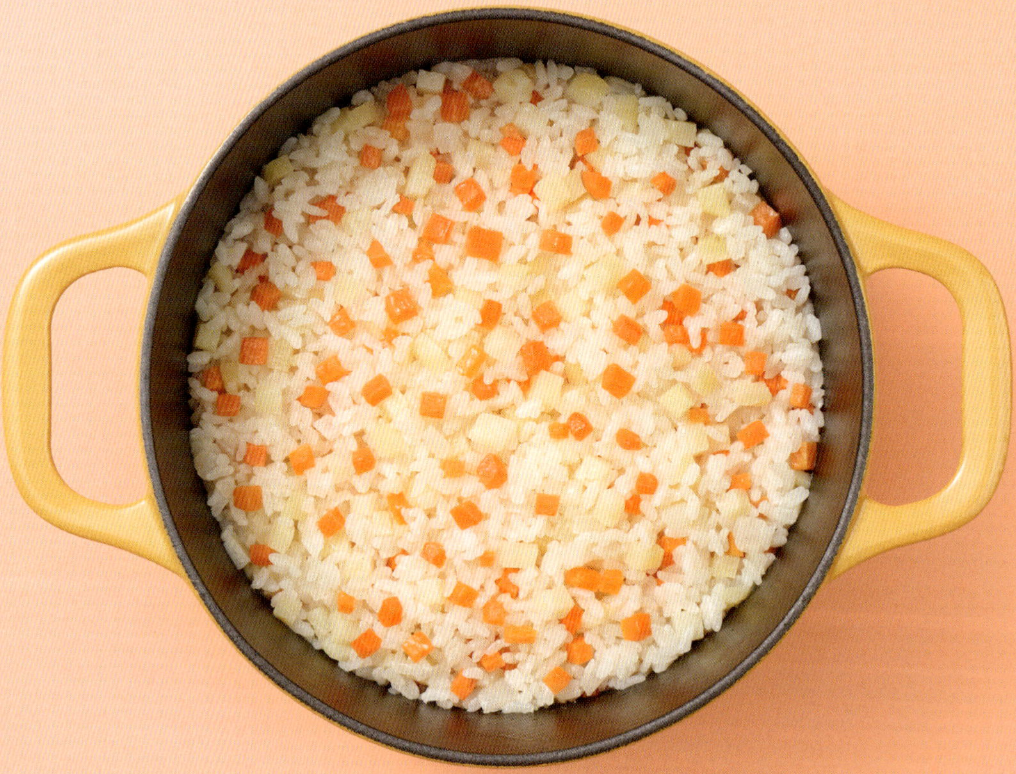

당근은 특유의 흙 냄새와 풋내가 강하게 느껴져 어른도 싫어하는 경우가 많아요. 그래서 당근을 잘게 다져 부드러운 감자와 함께 솥밥을 지어봤어요. 당근의 흙 냄새와 풋내가 감자의 부드러운 식감, 밥의 포근한 단맛과 어우러져, 아이들도 잘 먹어요. 당근 감자 솥밥으로 아이는 물론 엄마, 아빠도 당근 편식을 해결할 수 있어요.

 당근에 풍부한 베타카로틴은 기름에 볶으면 체내 흡수율이 높아져, 눈 건강과 면역 기능 유지에 도움을 줍니다. 감자는 소화가 잘되는 에너지원으로 포만감을 높여줘요.

재료

쌀 200g
다시 물 230ml
당근 100g
감자 120g
양파 80g
올리브 오일 1T

 TIP
- 당근 편식이 심하다면 단맛이 최고조에 이른 겨울 당근을 사용해보세요. 감자는 봄에서 초여름까지, 고구마는 가을과 겨울이 제철입니다. 제철에 영양이 제일 풍부하고 맛있으니, 계절에 따라 감자 대신 고구마를 넣어도 좋습니다.
- 냉장고에 남은 애호박, 버섯, 완두콩, 옥수수 등을 넣어도 좋습니다.

1 쌀은 깨끗이 씻어 물기를 빼고 30분 이상 불린다. 당근, 감자, 양파는 다진다.

2 솥에 올리브 오일, 양파를 넣고 약불에서 볶다 향이 올라오면 당근을 넣고 살짝 볶는다.

3 솥에 불린 쌀, 감자, 다시 물을 넣고 뚜껑을 연 채 중불에서 끓기 시작하면 바닥까지 저어준다.

4 뚜껑을 닫고 약불에서 15분간 끓인 후 불을 끄고 10분간 뜸 들인다.

같은 주황빛으로 색깔 편식도 해결

당근 단호박 솥밥

당근은 싫어하는 아이가 참 많고, 어른들도 호불호가 심한 채소예요. 이럴 때는 단호박이 당근 편식 해결의 치트키가 되어줄 거예요. 당근을 거부하는 아이에게 단호박으로 솥밥을 지어주면 같은 주황색이라 당근이 눈에 덜 띄어 색에 대한 거부감이 줄어들고, 단호박의 달콤한 맛이 당근의 쓴맛을 가려주어 잘 먹게 됩니다. 색깔도, 맛도 거부감 없이 즐길 수 있는 비타민 폭발 레시피입니다.

단호박 껍질에는 베타카로틴과 식이 섬유가 풍부해 껍질까지 챙겨 먹으면 더 건강하게 즐길 수 있습니다. 당근에 풍부한 베타카로틴은 기름에 볶으면 체내 흡수율이 높아져, 눈 건강과 면역 기능 유지에 도움이 됩니다.

재료

쌀 250g
채수 280ml
당근 100g
단호박 150g
양파 80g
기 버터 1T

 TIP

- 당근 편식이 심하다면 단맛이 최고조에 이른 겨울 당근을 사용해보세요. 7~9월 햇단호박은 껍질까지 달고 부드러우니 꼭 껍질까지 활용하세요. 아이가 식감에 예민하다면 제거해도 좋아요.
- 단호박은 베이킹 소다로 골고루 문지르며 닦은 후 물에 씻어 전자레인지에 3~4분 돌려주면 껍질도 잘 벗겨집니다. 단호박 대신 겨울에 제철인 달콤한 고구마를 활용해 밥을 지어도 좋아요.

1 쌀은 깨끗이 씻어 물기를 빼고 30분 이상 불린다. 당근, 양파는 다진다.

2 단호박은 통으로 전자레인지에 3~4분간 돌린 후 반으로 갈라 씨를 빼고 작게 깍둑 썬다.

3 솥에 기 버터, 양파를 넣고 약한 불에서 볶다 향이 올라오면 당근을 넣고 살짝 볶아준다.

4 솥에 불린 쌀, 단호박, 채수를 넣고 뚜껑을 연 채 중불에서 끓기 시작하면 바닥까지 저어준다.

5 뚜껑을 닫고 약불에서 15분간 끓이다가 불을 끄고 10분간 뜸 들인다.

고소함과 감칠맛의 환상 조합

당근 새우 솥밥

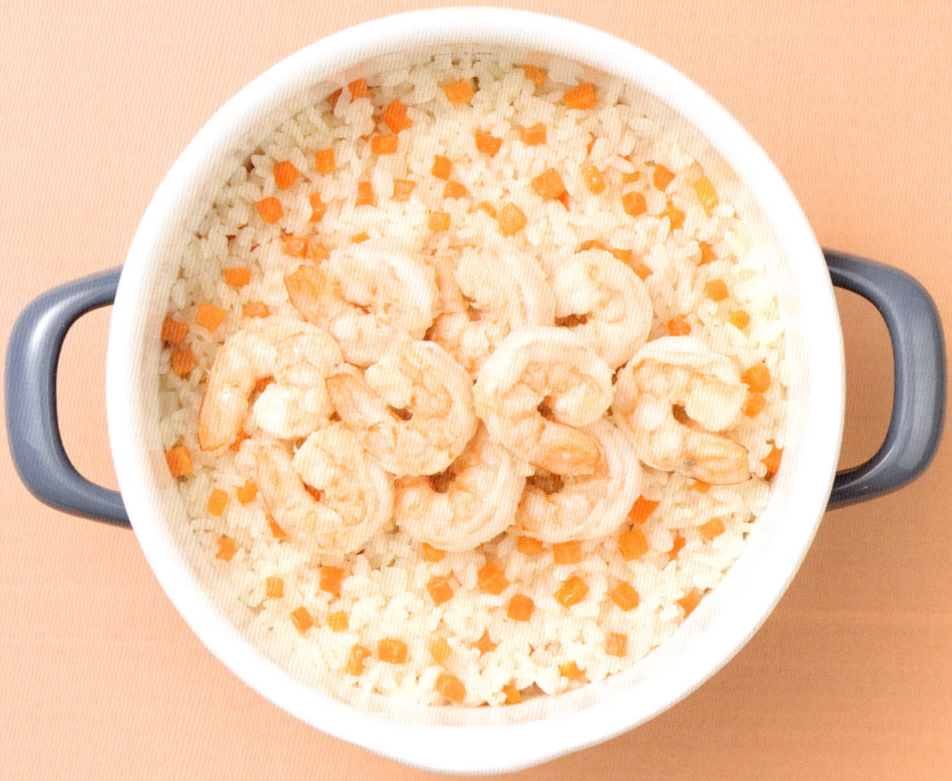

아이는 물론이고 아빠도 당근을 안 먹어서 답답한 분들 많을 거예요. 아이가 부모의 식습관을 따라갈까 봐 걱정입니다. 그럴 때는 새우를 활용해보세요. 고소한 버터가 당근의 쓴맛을 중화하고, 새우의 감칠맛이 더해져 익숙하고 맛있는 풍미로 변해요. 맛뿐 아니라 영양적으로도 완벽한 이 솥밥 레시피로 아이의 당근 편식과 밥태기를 극복해보세요.

 당근의 비타민 A, 베타카로틴은 기름에 볶으면 체내 흡수율이 높아져, 눈 건강과 면역 기능 유지에 도움이 됩니다. 새우의 단백질과 아연이 성장 발달과 면역 기능 유지에 도움을 줍니다.

재료

쌀 250g
해물 육수 280ml
당근 100g
새우 10마리
양파 80g
다진 마늘 1T
기 버터 1T
올리브 오일 1T

 TIP
- 당근 편식이 심하다면 단맛이 최고조에 이른 겨울 당근을 사용해보세요. 채수나 다시 물을 사용해도 좋지만, 해물 육수를 우려내 사용하면 새우의 감칠맛을 살릴 수 있습니다. 해산물이나 생선 솥밥에 활용하면 풍미가 깊어져 더욱 맛있어요.
- 냉장고 속 자투리 채소를 활용해도 좋습니다.

1 쌀은 깨끗이 씻어 물기를 빼고 30분 이상 불린다. 당근, 양파는 다진다.

2 새우는 꼬리를 제거한 후 키친타월로 물기를 제거한다.
★ 물기를 꼼꼼하게 제거해야 비린 맛이 나지 않아요.

3 솥에 기 버터, 다진 마늘을 넣고 약불에서 볶다 향이 올라오면 새우 겉면만 살짝 익혀 덜어낸다.
★ 촉촉한 식감을 위해 뜸 들일 때 마저 익힙니다.

4 솥에 올리브 오일, 양파를 넣고 약불에서 볶다 향이 올라오면 당근을 넣고 살짝 볶는다.

5 솥에 불린 쌀, 해물 육수를 넣고 뚜껑을 연 채 중불에서 끓기 시작하면 바닥까지 저어준다.

6 뚜껑을 닫고 약불에서 15분간 끓인 후 불을 끄고 볶은 새우를 넣은 다음 10분간 뜸 들인다.
★ 새우를 뜸 들일 때 넣으면 식감이 부드러워요.

자연산 MSG, 밥 톳으로 감칠맛 폭발
당근 톳 솥밥

톳을 넣은 솥밥은 아이들이 생각보다 잘 먹는다는 후기가 많아요. 자연산 MSG라 불리는 톳의 감칠맛이 당근의 쓴맛을 자연스레 없애주고, 양파의 달큰한 맛이 더해져 부드럽고 익숙한 풍미로 변하며 영양적으로도 찰떡궁합을 이룹니다. 감칠맛, 단맛, 영양까지 꽉 채운 레시피인 셈이죠. 엄마, 아빠도 맛있게 먹을 수 있는 솥밥이에요.

 당근에 풍부한 베타카로틴은 기름에 볶으면 체내 흡수율이 높아져, 눈 건강과 면역 기능 유지에 도움이 됩니다. 톳의 칼슘과 철분은 성장기 아이들에게 꼭 필요한 영양소입니다.

재료

쌀 250g
채수 280ml
당근 100g
밥 톳 1T
양파 80g
다진 마늘 1T
올리브 오일 1T

 TIP
- 당근 편식이 심하다면 단맛이 최고조에 이른 겨울 당근을 사용해보세요. 유아식에는 생톳보다 밥 톳을 추천해요. 생톳은 다소 질기고 비린 맛이 강하지만, 밥 톳은 푹 익혀 부드러워서 아이들도 쉽게 씹고 소화할 수 있습니다. 또 데치거나 손질할 필요 없이 바로 밥에 넣어 조리할 수 있어 매우 편리합니다.
- 아이가 톳 향에 익숙하지 않다면 티스푼으로 소량 넣어주세요.
- 냉장고 속 자투리 채소를 넣어도 좋아요.

1 쌀은 깨끗이 씻어 물기를 빼고 30분 이상 불린다. 당근, 양파는 다진다.

2 솥에 올리브 오일, 양파, 다진 마늘을 넣고 약불에서 볶다 향이 올라오면 당근을 넣고 살짝 볶는다.

3 솥에 불린 쌀, 채수, 밥 톳을 넣고 뚜껑을 연 채 중불에서 끓기 시작하면 바닥까지 저어준다.

4 뚜껑을 닫고 약불에서 15분간 끓인 후 불을 끄고 10분간 뜸 들인다.

깊은 풍미와 자연스러운 단맛으로 당근 편식 걱정 끝!

당근 우엉 솥밥

전 당근과 우엉을 듬뿍 넣은 김밥이 그렇게 맛있더라고요. 김밥에 빠지지 않는 당근과 우엉의 조합을 생각하며 솥밥을 만들었더니, 저도 맛있게 잘 먹고 주혁이도 두 그릇이나 먹었어요. 편식하는 아이뿐 아니라 밥태기 아이도 입맛이 돌아오게 하는 레시피입니다. 우엉은 조리하면 달큰하면서도 고소한 풍미가 살아나 당근의 쓴맛과 풋내를 완화하고, 솥밥으로 익히면 질기지 않고 부드러워져 부담 없이 먹을 수 있습니다.

당근의 비타민 A는 기름에 볶으면 체내 흡수율이 높아지고, 풍부한 식이 섬유와 항산화 성분이 장 건강과 면역 기능 유지에 도움을 줍니다. 우엉의 식이 섬유와 폴리페놀이 더해져 소화 촉진과 혈당 조절, 항염 작용에도 효과적입니다.

재료

쌀 250g
채수 280ml
당근 100g
우엉 100g
양파 50g
다진 마늘 1T
올리브 오일 1T

- 당근 편식이 심하다면 단맛이 최고조에 이른 겨울 당근을 사용해보세요. 흙 묻은 우엉은 깨끗이 씻고 껍질을 벗겨 다지면 손질하기 쉽습니다. 남은 우엉은 흙 묻은 상태로 신문지나 종이에 싸서 냉장고 신선칸 또는 서늘하고 어두운 곳에 보관하세요.
- 우엉의 아린 맛은 따로 제거하지 않아도 솥에서 익는 동안 자연스럽게 빠집니다.
- 냉장고 속 자투리 채소를 넣어도 좋아요.

1 쌀은 깨끗이 씻어 물기를 빼고 30분간 불린다. 당근, 양파는 다진다.

2 우엉은 껍질을 벗긴 후 초퍼로 잘게 다진다.

3 솥에 올리브 오일, 양파, 다진 마늘을 넣고 약불에서 볶다 향이 올라오면 당근, 우엉을 넣고 살짝 볶는다.

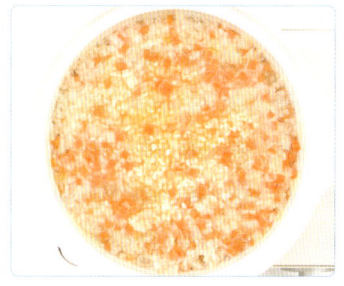

4 솥에 불린 쌀, 채수를 넣고 뚜껑을 연 채 중불에서 끓기 시작하면 바닥까지 저어준다.

5 뚜껑을 닫고 약불로 줄여 15분간 끓인 후 불을 끄고 10분간 뜸 들인다.

맛도 영양도 꽉 채운

당근 감자 닭죽

주혁이가 갑자기 후두염에 걸린 적이 있었어요. 밥을 못 먹을까 봐 걱정했는데 닭고기와 감자, 당근을 활용해 죽을 만들어주었더니 너무 잘 먹었어요. SNS에 공유했더니 코로나나 수족구에 걸린 아이들도 잘 먹었다는 후기가 많았죠. 덩달아 당근 편식도 한 방에 해결됐다고 합니다. 감자의 단맛이 당근의 쓴맛을 보완하고 닭고기의 감칠맛이 더해져 익숙한 맛으로 변신합니다. 잘게 썬 당근도 자연스럽게 섞여 부담 없이 먹을 수 있습니다.

당근의 비타민 A는 면역 기능 유지 및 시력 보호를 돕고, 감자의 식이 섬유와 비타민 C는 소화 기능과 면역 기능 유지에 도움을 줍니다. 닭고기의 단백질은 근육 성장에, 비타민 B군은 에너지 대사를 도와줘요. 서로의 영양을 보완하며 맛과 건강을 동시에 채워주죠.

재료

찹쌀 300g
채수 1.5L
닭 안심 350g
당근 100g
감자 120g
애호박 100g
양파 80g

 TIP
- 아이용으로 덜어둔 후 간장 또는 소금, 후춧가루로 간을 맞추면 온 가족 보양식 닭죽이 완성됩니다.
- 감자를 곱게 갈아 넣으면 죽처럼 부드러워지고, 작게 썰어 넣으면 고슬고슬한 덩어리가 씹혀 먹는 재미를 줍니다.

삶은 닭 안심 활용법

삶은 닭 안심은 다진 채소와 달걀물을 풀어 넣고 닭 안심 채소 전을 만들면, 반찬 걱정 없이 손쉽게 챙겨줄 수 있습니다. 이렇게 만든 닭 안심 채소 전은 영양이 가득하고, 아이들이 잘 먹어요.
재료 삶은 닭 안심 50g, 다진 양파 10g, 다진 당근 10g, 달걀 1~2개

1 찹쌀은 깨끗이 씻어 1시간 동안 물에 불린다. 당근, 애호박, 양파는 잘게 썬다.

2 감자는 껍질을 벗겨 초퍼에 갈고, 닭 안심은 포크로 힘줄을 제거한 후 끓는 물에 3분간 데쳐 잘게 썬다.

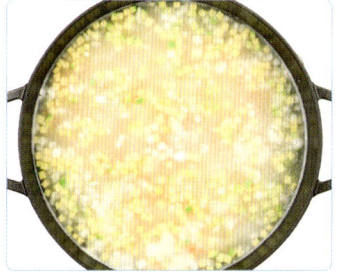

3 솥에 불린 찹쌀, 당근, 감자, 애호박, 양파, 채수를 넣은 후 뚜껑을 연 채 중불에서 끓기 시작하면 바닥까지 저어준다.

4 손질한 닭 안심을 넣고 뚜껑을 닫고 약불로 10분간 끓인 다음 뚜껑을 열어 한 번 더 저어준 후 10분 더 푹 끓인다.

자연스러운 달콤함이 일품!
토마토 양파 솥밥

주혁이 친구가 토마토를 구워줘도, 생으로 줘도, 갈아줘도, 쪄줘도 절대 먹지 않았어요. 그런데 토마토 양파 솥밥을 지어줬더니 완밥을 해서 모두를 뭉클하게 만들었죠. 아이들이 토마토를 싫어하는 이유는 바로 신맛 때문인데, 우리나라 토마토는 신맛이 강해 입맛이 예민하다면 거부할 수 있습니다. 하지만 솥밥에 넣으면 신맛이 밥알에 부드럽게 스며들고, 은은한 단맛과 양파의 감칠맛이 어우러져 아이들이 완밥하게 될 거예요.

토마토의 라이코펜은 가열 시 흡수율이 높아지며, 면역 기능 유지와 피부 건강에 도움을 줍니다. 양파의 퀘르세틴은 항산화에 도움을 줘요.

재료

쌀 250g
채수 280ml
토마토 1개
양파 80g
다진 마늘 1T
올리브 오일 1T

 TIP

- 토마토는 방울토마토 10개로 대체 가능하며 토마토 수분에 따라 물 양을 가감하세요.
- 아이가 식감에 예민하다면 토마토를 십자로 칼집 낸 후 한번 데쳐 껍질을 벗긴 다음 초퍼로 갈아주세요. 식감에 예민하지 않다면 껍질째 사용하는 것이 가장 영양가가 높습니다.
- 아이가 토마토를 싫어한다면 신맛 없이 달콤한 100% 토마토 퓌레를 100ml 넣어주세요. 먹기 전에 자연 치즈를 전자레인지에 돌려 올리면 풍미와 영양까지 챙길 수 있어요.
- 토마토를 끓일 때 갈색 팽이버섯, 당근, 파프리카 등 자투리 채소를 넣어도 좋습니다.

1 쌀은 깨끗이 씻어 물기를 빼고 30분간 불린다. 양파는 다지고 토마토는 초퍼에 넣고 갈아준다.

★ 퓌레 정도의 질감으로 갈아요. 양파를 함께 갈아도 좋아요.

2 솥에 올리브 오일, 양파, 다진 마늘을 넣고 약불에서 볶는다.

3 향이 올라오면 갈아놓은 토마토를 넣고 약불로 살짝 끓인다.

★ 수분이 많은 재료를 사용할 때는 살짝 끓여 수분을 날려요.

4 불린 쌀, 채수를 넣고 뚜껑을 연 채 중불에서 끓기 시작하면 바닥까지 저어준다.

5 뚜껑을 닫고 15분간 끓인 후 불을 끄고 10분간 뜸 들인다.

색감에 대한 편견을 없애주는 영양 만점 한 그릇
토마토 두부 솥밥

빨간색은 맵다고 생각해서 무작정 거부하는 아이들이 있죠. 그럴 때는 두부를 활용해보세요. 두부와 백미가 색감을 중화해 토마토의 빨간색에 거부감을 느끼는 아이들이 맛있게 먹을 수 있습니다. 두부의 부드러운 식감과 고소한 풍미가 토마토의 감칠맛을 끌어올리고, 밥의 자연스러운 단맛과 완벽하게 어우러져요.

두부는 고단백, 저지방 식품으로 뼈 발달과 근육 성장을 돕고, 소화하기 쉬워 아이들이 부담 없이 섭취할 수 있습니다. 특히 가열한 토마토는 리코펜 흡수율이 높아져, 아이들의 면역 기능 유지 및 피부 건강에 도움을 줍니다.

재료

쌀 250g
채수 280ml
토마토 1개
두부 1/2모
양파 80g
다진 마늘 1T
올리브 오일 1T

 TIP

- 토마토는 방울토마토 10개로 대체 가능하며 토마토 수분에 따라 물 양을 가감하세요.
- 아이가 식감에 예민하다면 토마토를 십자로 칼집 낸 후 한번 데쳐 껍질을 벗긴 다음 초퍼로 갈아주세요. 식감에 예민하지 않다면 껍질째 사용하는 것이 가장 영양가가 높습니다.
- 두부는 물기를 제거한 후 들기름에 노릇하게 구우면 풍미가 살아납니다. 구운 두부는 솥밥에 뜸 들일 때 함께 넣으면 별미로 즐길 수 있어요.
- 토마토는 양파, 마늘 3개를 넣고 초퍼로 갈아 한번에 넣어도 무방합니다.

1 쌀은 깨끗이 씻어 물기를 빼고 30분간 불린다. 양파는 다지고 토마토는 갈아준다.

★ 퓌레 정도의 질감으로 갈아요. 양파를 함께 넣고 갈아도 좋아요.

2 기름을 두르지 않은 팬에 두부를 으깨 넣어 중약불에서 고슬고슬하게 볶는다.

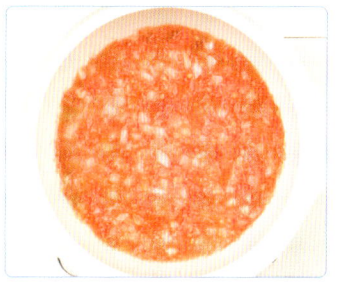

3 솥에 올리브 오일, 양파, 다진 마늘을 넣고 약불에서 볶다가 향이 올라오면 토마토를 넣고 약불로 살짝 끓인다.

★ 수분이 많은 재료를 사용할 때는 살짝 끓여 수분을 날려요.

4 불린 쌀, 채수를 넣고 뚜껑을 연 채 중불에서 끓기 시작하면 바닥까지 저어준다.

5 볶은 두부를 넣고 뚜껑을 닫은 후 약불에서 15분간 끓인 다음 불을 끄고 10분간 뜸 들인다.

상큼한 맛과 감칠맛의 완벽 조화

토마토 새우 솥밥

새우는 아이들이 아주 좋아하는 식재료 중 하나예요. 특히 채소 편식까지 한번에 해결할 수 있는 치트키죠. 주혁이도 평소 잘 안 먹는 채소와 새우를 넣어 솥밥을 지어주면 잘 먹어서 늘 냉동실에 쟁여놓는 재료입니다. 토마토의 상큼한 산미와 새우의 감칠맛이 내는 고소한 풍미가 아이들 입맛에 잘 맞아요. 토마토를 싫어하는 아이라도 맛있게 먹을 거예요.

토마토의 리코펜은 피부 건강과 면역력 강화에 도움을 줍니다. 새우의 오메가3 지방산은 토마토의 항산화 성분을 효과적으로 흡수하게 해주어 근육 발달, 면역 기능 유지, 피로 해소, 소화 건강까지 돕습니다.

재료

쌀 250g
채수 280ml
토마토 1개
새우 8마리
양파 80g
다진 마늘 1T
기 버터 1T
올리브 오일 1T

 TIP

- 토마토는 방울토마토 10개로 대체 가능하며 토마토 수분에 따라 물 양을 가감하세요.
- 아이가 식감에 예민하다면 토마토를 십자로 칼집 낸 후 한번 데쳐 껍질을 벗긴 다음 초퍼로 갈아주세요. 식감에 예민하지 않다면 껍질째 사용하는 것이 가장 영양가가 높습니다.
- 4번 과정에서 애호박, 파프리카, 당근 등 자투리 채소를 함께 넣으면 더욱 맛있습니다.
- 먹기 전에 자연 치즈를 전자레인지에 돌려 올리면 풍미는 물론 영양까지 챙길 수 있습니다.

1 쌀은 깨끗이 씻어 물기를 빼고 30분간 불린다. 양파는 다지고 토마토는 갈아준다.

★ 퓌레 정도의 질감으로 갈아요. 양파와 함께 갈아도 좋아요.

2 새우는 꼬리를 제거한 후 키친타월로 물기를 제거한다.

★ 물기를 꼼꼼하게 제거해야 비린 맛이 나지 않아요.

3 솥에 기 버터, 다진 마늘을 넣고 약불에서 볶다 향이 올라오면 새우를 넣어 겉면만 살짝 익힌 후 덜어낸다.

★ 촉촉한 식감을 위해 뜸 들일 때 마저 익힙니다.

4 솥에 올리브 오일, 양파, 토마토를 넣고 약불에서 살짝 끓인 후 불린 쌀을 넣고 볶는다.

★ 수분이 많은 재료를 사용할 때는 살짝 끓여 수분을 날려요.

5 채수를 넣고 뚜껑을 연 채 중불에서 끓기 시작하면 바닥까지 저어준 후 뚜껑을 닫고 약불로 15분간 끓인 다음 불을 끄고 새우를 넣어 10분간 뜸 들인다.

★ 새우를 뜸 들일 때 넣으면 식감이 부드러워요.

SNS에서 난리 난 토마토 편식 종결 레시피
토마토 라구 소스

많은 아이들이 토마토를 싫어하는 이유는 신맛 때문이라는 사실을 알게 되었어요. 특히 우리나라 토마토는 산미가 강한 편이라 예민한 아이들은 거부할 수 있답니다. 그래서 토마토 퓌레를 활용해 고기의 풍미와 채소의 감칠맛을 더해 만든 라구 소스가 큰 인기를 끌었어요. 토마토를 싫어하던 아이들이 한 그릇 뚝딱했다는 후기가 폭발했죠. 떨어지지 않게 2주에 한 번은 만들어두는 우리 집 든든한 건강 적금 같은 존재이기도 해요.

 토마토와 소고기, 다진 마늘, 양파를 넣어 푹 끓이면 여러 영양소가 상호작용해 더욱 풍부한 영양을 제공합니다. 토마토의 리코펜은 가열 시 흡수율이 높아지고, 소고기의 단백질과 철분은 근육 발달과 혈액순환을 돕죠. 다진 마늘의 알리신은 면역 기능 유지를 돕고, 양파의 퀘르세틴은 항산화 작용을 통해 세포를 보호합니다.

재료

토마토 퓌레 500g
우둔살 300g
양파 100g
당근 100g
애호박 100g
다진 마늘 1T
올리브 오일 2T

 TIP

- 스테인리스, 법랑 등의 냄비로도 가능하며, 물 50ml를 더 넣고 1시간 정도 충분히 끓여주세요.
- 퓌레 대신 토마토를 사용한다면 400g을 초퍼에 갈아주세요.
- 백미 솥밥, 병아리콩밥, 버섯 솥밥 등 다양한 밥이나 두부 면, 듀럼 밀 파스타와도 잘 어울립니다.
- 우둔살은 지방 함량이 낮고 단백질, 철분이 풍부해 추천해요. 홍두깨살, 안심으로 대체 가능합니다.
- 라구 소스는 100~120g씩 소분해 한 김 식힌 후 냉장 보관 시 2일, 냉동 보관 시 최대 10일 이내에 소진하는 것이 좋습니다.
- 자연 치즈를 곁들이면 풍미와 영양이 배가됩니다.

1 양파, 당근, 애호박, 소고기는 모두 다진다.

2 솥에 올리브 오일, 다진 마늘을 넣고 약불에서 볶다가 향이 올라오면 준비한 재료를 넣은 후 중약불로 볶는다.

3 채즙이 나오면 소고기를 넣고 중불에서 핏기가 사라질 때까지 볶는다.

4 토마토 퓌레를 넣고 섞은 후 뚜껑을 닫고 약불로 30~40분간 끓인다.
★ 중간에 한 번씩 저어주세요.

달콤하고 고소한 맛의 조화가 일품
양배추 단호박 새우 솥밥

양배추는 특유의 향과 쓴맛 때문에 거부하는 아이들이 많죠. 그래서 양배추는 항상 1통을 사도 다 먹지 못하고 버리곤 해서 아까워요. 아이들에게 생으로 줄 수는 없어 어떻게 활용해야 할지 고민이 많았어요. 그러던 중 단호박 새우 솥밥을 만들면서 양배추를 채 썰어 넣었더니, 단호박의 달콤한 맛과 새우의 감칠맛 덕분에 아이가 맛있게 먹더라고요. 엄마, 아빠도 함께 맛있게 즐길 수 있는 솥밥으로 추천합니다.

 단호박의 비타민 A와 식이 섬유는 면역 기능 유지와 소화 건강에 도움을 주며, 비타민 C는 새우의 철분 흡수를 보조하죠. 또 새우의 단백질과 아연은 근육 발달과 면역 기능 유지에 도움을 줍니다.

재료

쌀 250g
채수 280ml
양배추 80g
단호박 150g
새우 8마리
양파 50g
다진 마늘 1T
기 버터 1T

- 단호박은 베이킹 소다로 골고루 문지른 후 물로 씻은 다음 전자레인지에 3~4분 정도 돌리면 잘 썰리고 껍질도 쉽게 벗겨집니다. 아이가 식감에 예민하다면 벗겨도 좋아요.
- 5번 과정에서 당근, 애호박, 버섯 등 자투리 채소를 넣으면 맛과 풍미가 더욱 좋아집니다.

1 쌀은 깨끗이 씻어 물기를 빼고 30분간 불린다. 양배추는 채 썰고 양파는 다진다.

2 단호박은 통으로 전자레인지에 돌린 후 씨를 빼고 작게 깍둑 썬다. 새우는 꼬리를 제거한 후 키친타월로 물기를 제거한다.

★ 물기를 꼼꼼하게 제거해야 비린 맛이 나지 않아요.

3 솥에 기 버터, 다진 마늘을 넣고 약불에서 볶다 향이 올라오면 새우 겉면만 익힌 후 덜어낸다.

★ 촉촉한 식감을 위해 뜸 들일 때 마저 익힙니다.

4 양배추도 약불에서 살짝 볶은 후 덜어낸다.

5 솥에 불린 쌀, 채수, 양파, 단호박을 넣고 뚜껑을 연 채 중불에서 끓기 시작하면 바닥까지 저어준다.

6 양배추를 올린 후 뚜껑을 닫고 약불로 15분간 끓이다 불을 끄고 새우를 올린 다음 10분간 뜸 들인다.

★ 새우를 뜸 들일 때 넣으면 식감이 부드러워요.

밥태기 아이도 잘 먹는 부드럽고 고소한 한 그릇!

양배추 달걀 버터 솥밥

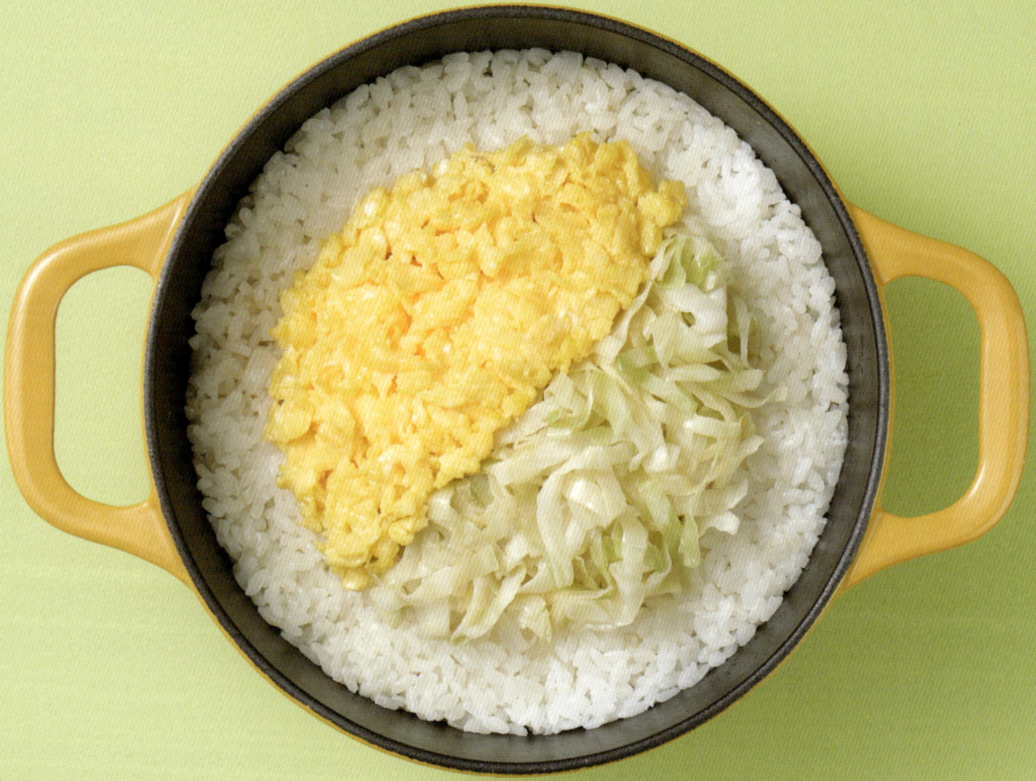

버터와 달걀의 만남만으로도 고소한 풍미가 느껴지죠. 어느 날, 버터에 양배추를 볶고 있는데 거실에서 혼자 놀던 주혁이가 냄새에 이끌려 뛰어오며 어설픈 발음으로 "이고 모야?"라고 했던 순간이 잊히지 않아요. 볶은 양배추의 달큰함과 버터의 고소한 풍미가 달걀의 부드러운 식감과 만나 밥태기 아이도 잘 먹을 수 있도록 돕는 레시피입니다.

 양배추의 비타민 C는 면역 기능 유지에 도움을 줍니다. 버터는 영양 보충과 피부 건강을 도우며, 달걀의 단백질과 비타민 B군은 근육 발달과 에너지 생산을 촉진하죠.

재료

쌀 250g
채수 280ml
양배추 100g
양파 50g
달걀 2개
기 버터 1T
올리브 오일 1T

 TIP · 어른용으로 만들 때는 별다른 양념 없이 양조간장에 슬라이스한 레몬을 넣고 밥에 비벼 먹으면 별미로 즐길 수 있어요.

1 쌀은 깨끗이 씻어 물기를 빼고 30분간 불린다. 양배추는 채 썰고 양파는 다진다.

2 달걀을 풀어 섞은 후 팬에 올리브 오일을 둘러 약불에서 볶아 스크럼블드 에그를 만든다.

★ 달걀은 너무 많이 익히지 말고, 70%만 익혀주세요.

3 솥에 기 버터, 양배추를 넣은 후 약불에서 살짝 볶아 덜어낸다.

4 솥에 불린 쌀, 채수, 양파를 넣고 중불에서 끓기 시작하면 바닥까지 저어준다.

5 볶은 양배추를 올린 후 뚜껑을 닫고 약불에서 15분간 끓인 다음 불을 끄고 스크럼블드에그를 넣은 후 10분간 뜸 들인다.

★ 뜸 들일 때 마저 익히면 달걀이 더욱 부드럽고 촉촉해져요.

영양 흡수율을 높여주는 완벽한 조화

양배추 우엉 버섯 솥밥

솥밥이 아니었다면 아이에게 이렇게 채소를 많이 먹일 수 있었을까요? 키포인트는 바로 양파입니다. 양파는 쌀과 함께 솥에서 익어가면서 감칠맛과 단맛이 폭발하는 식재료로, 제 솥밥 레시피에 빠지지 않고 들어갑니다. 양파를 너무 많이 넣는다고 걱정했던 엄마들도 매운맛이 하나도 느껴지지 않아 더 넣을 걸 그랬다는 후기가 많아요. 양배추의 쓴맛을 양파의 단맛, 버섯과 우엉의 감칠맛이 부드럽게 감싸주기 때문에 아이가 양배추의 진정한 맛을 알게 될 거예요!

 양배추, 버섯, 우엉은 식이 섬유가 풍부해 소화를 돕고, 비타민, 무기질이 함께 작용해 영양 흡수와 건강 유지에 도움이 됩니다.

재료

쌀 250g
채수 280ml
양배추 80g
우엉 100g
버섯 100g(종류 무관)
양파 50g
올리브 오일 2T

 TIP
- 흙 묻은 우엉은 깨끗이 씻고 껍질을 벗겨 다지면 손질하기 쉽습니다. 남은 우엉은 흙 묻은 상태로 신문지나 종이에 싸서 냉장고 신선칸 또는 서늘하고 어두운 곳에 보관하세요.
- 우엉의 아린 맛은 따로 제거하지 않아도 솥에서 익는 동안 자연스럽게 빠집니다.

1 쌀은 깨끗이 씻어 물기를 빼고 30분간 불린다. 양배추는 채 썰고, 버섯, 양파는 다진다.

2 우엉은 껍질을 벗긴 후 잘게 다진다.

3 솥에 올리브 오일 1T, 양배추를 넣고 살짝 볶은 후 덜어낸다.

4 솥에 불린 쌀, 올리브 오일 1T, 양파, 우엉, 버섯을 넣고 약불에서 살짝 볶듯 섞어준 후 채수를 넣고 뚜껑을 연 채 중불에서 끓기 시작하면 바닥까지 저어준다.

5 볶은 양배추를 올린 후 뚜껑을 닫고 약불에서 15분간 끓인 다음 불을 끄고 10분간 뜸 들인다.

달콤하고 고소한 맛의 완벽한 조화
양배추 고구마 솥밥

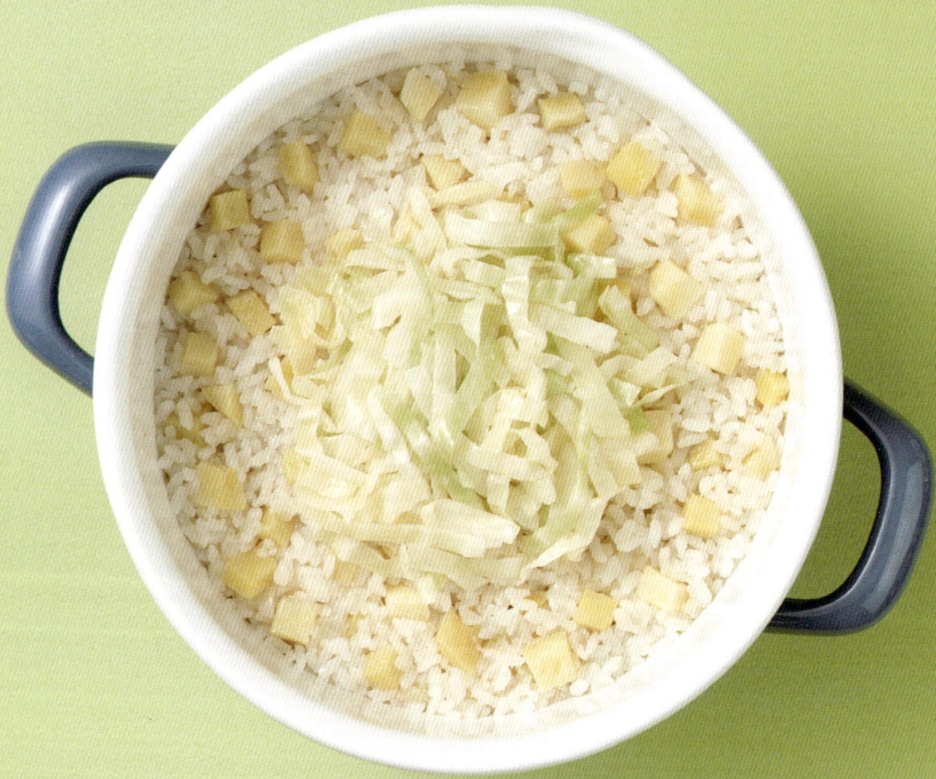

아이들이 편식하는 재료 하나하나 영양 궁합을 공부하고 테스트해서 탄생시킨 양배추 고구마 솥밥입니다. 고구마 철이 되면 시어머님이 늘 한 박스씩 주시는데, 먹어도 먹어도 안 줄어들어서 솥밥에 넣었더니 아이가 너무 잘 먹어서 놀랐어요. 유레카! 양배추 특유의 쓴맛과 향이 고구마의 달콤한 풍미에 스며들고, 고소한 맛이 두드러져 아이들이 맛있게 먹을 수 있도록 도와줍니다.

 양배추는 비타민 A와 식이 섬유가 풍부해 면역 기능 유지와 눈 건강에 도움을 주며, 고구마의 베타카로틴과 식이 섬유는 항산화 작용과 소화 건강에 도움을 줍니다.

재료

쌀 200g
다시 물 230ml
양배추 100g
고구마 200g
양파 50g
기 버터 1T

 TIP
- 고구마는 미지근한 물에 담가두면 흙을 쉽게 제거할 수 있어요.
- 고구마 껍질에도 영양소가 많으므로 제철인 가을에서 겨울 사이에는 솔로 깨끗이 씻은 후 껍질째 조리하면 더 좋습니다.
- 자투리 채소, 버섯을 넣어도 맛과 영양이 풍부해집니다.

1 쌀은 깨끗이 씻어 물기를 빼고 30분간 불린다. 양배추는 채 썰고 양파는 다진다.

2 고구마는 껍질을 벗기고 먹기 좋은 크기로 깍둑 썬다.

3 솥에 기 버터와 양배추를 넣고 약불에서 살짝 볶은 후 덜어낸다.

4 솥에 불린 쌀, 다시 물, 양파, 고구마를 넣고 뚜껑을 연 채 중불에서 끓기 시작하면 바닥까지 저어준다.

5 볶은 양배추를 올린 후 뚜껑을 닫고 약불에서 15분간 끓인 다음 불을 끄고 10분간 뜸 들인다.

밥만 먹어도 영양 가득
무 솥밥

색감에 예민한 아이가 반찬을 거부하고 맨밥만 먹을 때, 쌀처럼 흰색인 무를 활용해 솥밥을 지어주면 밥만 먹어도 영양을 채울 수 있어요. 무는 팬으로 조리하면 아삭한 식감이 부담스럽고, 국으로 끓이면 단맛이 빠져 물컹하고 밋밋한 맛만 남아 아이가 편식하기 쉽죠. 고민 끝에 이유식처럼 갈아 솥밥에 넣었더니, 쌀과 함께 서서히 익어가는 과정에서 식감이 부드러워지고 쌀알에 은은한 단맛이 배어 아이가 너무 맛있게 먹더라고요. 조금 적응된 후에는 얇게 채 썰어 넣어주세요.

무의 비타민 C와 풍부한 항산화 성분이 면역 기능 유지를 돕습니다.

재료

쌀 250g
다시 물 280ml
무 100g
양파 80g
올리브 오일 1T

 TIP

- 매운맛이 강한 무 흰 부분은 육수나 탕용으로, 단맛이 강한 초록 부분은 솥밥용으로 활용하면 좋습니다.
- 무가 가장 맛있는 겨울철에 초퍼에 갈아 얼음 트레이에 넣고 얼린 후 소분해 보관해두었다가 솥밥을 지을 때마다 1~2개씩 넣어주면 좋아요. 아이가 무에 적응한 후에는 얇게 채 썰어 넣어도 좋습니다.
- 깔끔한 감칠맛을 위해 다시 물을 사용했지만, 채수를 사용해 더 풍부한 맛을 내도 좋아요.
- 다진 소고기를 볶아 뜸 들일 때 넣어주면 고소한 풍미와 함께 철분, 단백질도 챙길 수 있습니다.
- 먹기 전 들기름 또는 참기름, 간 깨를 넣으면 맛과 영양이 더 풍부해집니다.

1 쌀은 깨끗이 씻어 물기를 빼고 30분간 불린다. 무는 껍질을 벗긴 후 채 썰고 양파는 다진다.

2 솥에 올리브 오일, 양파를 넣고 약불에서 볶는다.

3 솥에 불린 쌀, 무, 다시 물을 넣고 뚜껑을 연 채 중불에서 끓기 시작하면 바닥까지 저어준다.

4 뚜껑을 닫고 약불에서 15분간 끓인 후 불을 끄고 10분간 뜸 들인다.

단맛과 개운한 감칠맛으로 밥태기 극복!

무 콩나물 솥밥

콩나물로 소고기 콩나물 솥밥만 했는데, 늘 어중간하게 남고 뭔가 아쉬웠어요. 그래서 무 솥밥에 같이 넣었더니, 익으면서 단맛이 살아나고, 콩나물의 시원한 감칠맛 덕분에 풍미가 더욱 깊어지더라고요. 아이는 물론 온 가족이 맛있게 먹을 수 있는 레시피입니다.

콩나물의 아스파라긴산과 단백질이 에너지 대사와 피로 해소를 돕고 성장기 아이들의 활력을 높여줍니다. 무의 비타민 C와 콩나물의 비타민 B군이 면역 기능 유지를 돕고 신진대사를 촉진해 균형 잡힌 영양을 제공합니다.

재료

쌀 250g
콩나물 삶은 물 270ml
무 100g
콩나물 150g
양파 80g
올리브 오일 1T

- 매운맛이 강한 무 흰 부분은 육수나 탕용으로, 단맛이 강한 초록 부분은 솥밥용으로 활용하면 좋습니다.
- 무가 가장 맛있는 겨울철에 초퍼에 갈아 얼음 트레이에 넣고 얼린 후 소분해 보관해두었다가 솥밥을 지을 때마다 1~2개씩 넣어주면 좋아요. 아이가 무에 적응한 후에는 얇게 채 썰어 넣어도 좋습니다.
- 콩나물 삶은 물은 감칠맛이 풍부하므로, 솥밥에 활용하면 조미료 없이도 깊은 맛을 낼 수 있어요. 남은 것은 국으로 활용해도 좋아요.
- 콩나물을 데친 후 찬물에 헹구어 열기를 식히면 영양 손실을 줄이고, 아삭한 식감을 유지하는 데 도움이 됩니다.
- 다시 물 또는 채수를 사용해도 좋아요.
- 자투리 채소를 양파와 함께 볶아 넣거나 볶은 소고기를 뜸 들일 때 넣어도 좋아요.
- 먹기 전 들기름 또는 참기름, 간 깨를 넣으면 맛과 영양이 더욱 풍부해집니다.

1 쌀은 깨끗이 씻어 물기를 빼고 30분 이상 불린다. 양파는 다지고 무는 채 썬다.

2 콩나물은 꼬리 부분을 다듬고 끓는 물에 1분간 데친 후 찬물에 헹군다.

★ 삶은 물은 버리지 말고 식혀둡니다.

3 솥에 올리브 오일, 양파를 넣고 약불에서 볶는다.

4 솥에 불린 쌀, 무, 콩나물 삶은 물을 넣고 뚜껑을 연 채 중불에서 끓기 시작하면 바닥까지 저어준다.

5 뚜껑을 닫고 약불에서 15분간 끓인 후 불을 끄고 데친 콩나물을 넣어 10분간 뜸 들인다.

깊은 감칠맛과 영양이 꽉 찬 솥밥
무 표고버섯 솥밥

늘 냉장고에 있는 버섯이지만 애매하게 남아 어떻게 활용할지 고민될 때가 많죠. 그럴 때는 무와 함께 솥밥을 지어보세요. 표고버섯의 은은한 감칠맛이 무의 달콤한 맛과 조화를 이루어 아이가 잘 먹어요. 강한 향 때문에 표고버섯을 거부하던 아이도 이 솥밥이라면 한 그릇 뚝딱할 거예요!

무의 비타민 C와 항산화 성분은 면역 기능 유지에 도움을 주고, 표고버섯의 베타글루칸은 체내 면역 반응을 조절하는 데 도움을 줍니다.

재료

쌀 250g
다시 물 280ml
무 100g
표고버섯 3개
양파 80g
올리브 오일 1T

 TIP

- 매운맛이 강한 무 흰 부분은 육수나 탕용으로, 단맛이 강한 초록 부분은 솥밥용으로 활용하면 좋습니다.
- 무가 가장 맛있는 겨울철에 초퍼에 갈아 얼음 트레이에 넣고 얼린 후 소분해 보관해두었다가 솥밥을 지을 때마다 1~2개씩 넣어주면 좋아요. 아이가 무에 적응한 후에는 얇게 채 썰어 넣어도 좋습니다.
- 다양한 버섯을 활용해 식감과 감칠맛을 더 살려줘도 좋아요.
- 생표고버섯 대신 건표고버섯을 사용해도 좋아요. 뜨거운 물 500ml에 건표고버섯 1줌, 다시마 1장을 넣고 우려내면 감칠맛이 폭발해요. 우려낸 육수는 솥밥, 국, 아이들 반찬, 볶음 등 다양한 요리에 활용할 수 있습니다. 불어난 표고버섯은 식감이 쫄깃하고 부드러워져 밥 먹는 재미를 더해줍니다.
- 먹기 전 들기름 또는 참기름, 간 깨를 넣고 비벼주면 맛과 영양이 더욱 풍부해집니다.
- 다진 소고기를 볶아 뜸 들이기 전에 넣으면 고소한 풍미는 물론, 철분과 단백질까지 챙길 수 있습니다.

1 쌀은 깨끗이 씻어 물기를 빼고 30분간 불린다. 무는 껍질을 벗긴 후 채 썰고 양파, 표고버섯은 다진다.

2 솥에 올리브 오일, 양파를 넣고 약불에서 볶는다.

3 솥에 불린 쌀, 무, 표고버섯, 다시 물을 넣고 뚜껑을 연 채 중불에서 끓기 시작하면 바닥까지 저어준다.

4 뚜껑을 닫고 약불에서 15분간 끓인 후 불을 끄고 10분간 뜸 들인다.

고소한 풍미로 무 편식 걱정 끝!
무 들깨 솥밥

아이가 이앓이 때문에 좋아하던 메뉴도 먹지 않고, 과일이나 떡뻥까지 거부해서 걱정하던 팔로어분이 무와 들깨를 활용해 죽처럼 만들어줬다고 하시더라고요. 아이가 너무 맛있게 먹어서 펑펑 우셨다고 합니다. 평소에 제 솥밥 레시피를 따라한 덕분이라고 진심으로 감사해하셨어요. 무 들깨 솥밥은 그렇게 해서 탄생한 레시피예요. 무는 국으로 끓이면 물컹한 식감과 밋밋한 맛 때문에 아이가 편식하기 쉬운데, 들깨의 고소한 풍미와 자연스러운 점성이 무의 단맛과 깊은 맛을 살려주고, 부드러운 식감으로 아이들의 입맛을 사로잡습니다.

 무에는 식이 섬유가 풍부해 면역 기능 유지와 소화를 돕습니다. 들깨의 칼슘과 오메가3 지방산은 뼈 건강과 영양 보충을 돕죠.

재료

쌀 250g
다시 물 280ml
무 100g
양파 80g
탈피 들깻가루 1~2T
올리브 오일 1T

- 매운맛이 강한 무 흰 부분은 육수나 탕용으로, 단맛이 강한 초록 부분은 솥밥용으로 활용하면 좋습니다.
- 무가 가장 맛있는 겨울철에 초퍼에 갈아 얼음 트레이에 넣고 얼린 후 소분해 보관해두었다가 솥밥을 지을 때마다 1~2개씩 넣어주면 좋아요. 아이가 무에 적응한 후에는 얇게 채 썰어 넣어도 좋습니다.
- 탈피 들깻가루를 활용하면 소화가 더 잘됩니다. 분량은 취향에 따라 조절하세요.
- 채수를 사용하면 풍미가 한층 더 깊어집니다.
- 이앓이가 심할 경우, 물 300ml를 넣어 좀 더 부드럽게 해주세요. 이유식에서 유아식으로 넘어가는 단계에서도 활용하기 좋은 레시피입니다.
- 먹기 전 들기름 또는 참기름, 간 깨를 넣고 비벼주면 맛과 영양이 더욱 풍부해집니다.
- 다진 소고기를 볶아 뜸 들이기 전 넣으면 고소한 풍미와 영양까지 챙길 수 있어요.
- 자투리 채소를 양파와 함께 볶아 넣어도 좋아요.

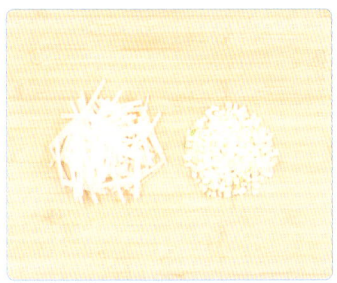

1 쌀은 깨끗이 씻어 물기를 빼고 30분간 불린다. 무는 껍질을 벗긴 후 채 썰고 양파는 다진다.

2 솥에 올리브 오일, 양파를 넣고 약불에서 볶는다.

3 불린 쌀, 무, 다시 물을 넣고 뚜껑을 연 채 중불에서 끓기 시작하면 바닥까지 저어준다.

4 들깻가루를 넣고 뚜껑을 닫은 다음 약불로 15분간 끓인 후 불을 끄고 10분간 뜸 들인다.

자연의 영양과 감칠맛이 가득
무 톳 솥밥

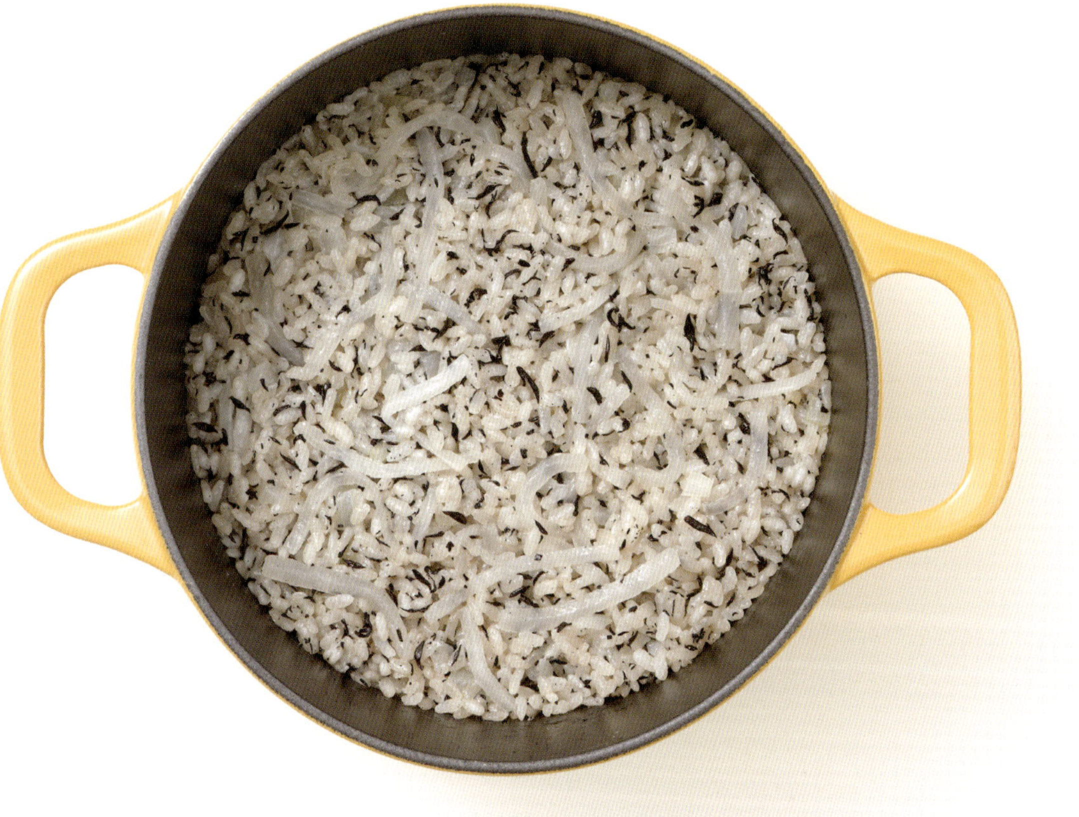

유아식을 준비하면서 알게 된 톳. 종종 톳을 활용해 밥을 지으면 아이도 주방을 서성거릴 정도로 집 안이 좋은 냄새로 가득 차죠. 톳의 자연스러운 감칠맛과 풍미가 무의 맛을 완벽하게 살려주어, 마치 자연 MSG처럼 무의 깊은 맛을 한층 끌어올려 깊고 풍부한 맛을 완성해줍니다. 엄마, 아빠도 무와 톳의 완벽한 조합에 놀라실 거예요.

 톳은 미네랄과 식이 섬유가 풍부해 장 건강과 뼈 건강을 돕습니다. 무의 풍부한 식이 섬유는 소화 흡수를 도와줘요.

재료

쌀 250g
해물 육수 280ml
무 100g
양파 80g
밥 톳 1T
올리브 오일 1T

- 매운맛이 강한 무 흰 부분은 육수나 탕용으로, 단맛이 강한 초록 부분은 솥밥용으로 활용하면 좋습니다.
- 무가 가장 맛있는 겨울철에 초퍼에 갈아 얼음 트레이에 넣고 얼린 후 소분해 보관해두었다가 솥밥을 지을 때마다 1~2개씩 넣어주면 좋아요. 아이가 무에 적응한 후에는 얇게 채 썰어 넣어도 좋습니다.
- 유아식에는 생톳보다 밥 톳을 추천해요. 생톳은 다소 질기고 비린 맛이 강하지만, 밥 톳은 푹 익혀 부드러워서 아이들도 쉽게 씹고 소화할 수 있습니다. 또 데치거나 손질할 필요 없이 바로 밥에 넣어 조리할 수 있어 매우 편리합니다.
- 아이가 톳 향에 익숙하지 않다면 티스푼으로 소량 넣어주세요.
- 애호박, 감자, 버섯 등 자투리 채소를 양파와 함께 볶아 넣어도 좋아요. 다진 소고기를 볶아 뜸 들일 때 넣으면 철분, 단백질까지 챙긴 영양 만점 솥밥이 완성됩니다.
- 톳의 감칠맛을 극대화하기 위해 해물 육수를 사용했습니다.
- 먹기 전 들기름 또는 참기름, 간 깨를 넣으면 맛과 영양이 더욱 풍부해집니다.

1 쌀은 깨끗이 씻어 물기를 빼고 30분간 불린다. 무는 껍질을 벗긴 후 채 썰고 양파는 다진다.

2 솥에 올리브 오일, 양파를 넣고 약불에서 볶는다.

3 불린 쌀, 무, 밥 톳, 해물 육수를 넣고 뚜껑을 연 채 중불에서 끓기 시작하면 바닥까지 저어준다.

4 뚜껑을 닫고 약불에서 15분간 끓인 후 불을 끄고 10분간 뜸 들인다.

PART 2

고기 편식하는 아이도 잘 먹는 솥밥 레시피

우리 아이만 고기를 안 먹는 것 같아 더 속상하셨나요? 그 마음, 너무 잘 알아요. 고기만 보면 입을 꾹 다물고, 심지어 뱉는 아이도 많죠. 하지만 걱정 마세요. 생각보다 많은 아이들이 고기를 먹기 힘들어한답니다. 질긴 식감, 특유의 냄새 때문이죠. 저도 고민하며 연구를 거듭한 끝에 얻은 해답이 솥밥이었어요. 솥밥은 고기가 다른 재료들과 어우러져 아이도 부담 없이 다가갈 수 있습니다. 아이가 솥밥을 통해 고기는 맛있는 음식이라고 기억할 수 있게 될 거예요. 다양한 고기 활용 레시피로 아이의 편식 고민이 해결되기를 바랍니다.

인스타에서 난리 난 고기 편식 종결 레시피

소고기 두부 솥밥

이 레시피는 저에게 특별한 의미가 있는 레시피예요. 아이가 소고기를 먹지 않아 철분이 부족하다며 의사의 권고를 받은 어머님의 고민을 해결하기 위해 수없이 많은 테스트를 거쳐 탄생시킨 레시피입니다. 정성이 가득한 솥밥을 해줬더니 아이가 한 그릇을 싹 비웠고, 어머님도 저도 펑펑 울었던 순간이 아직도 생생해요. 그만큼 이 레시피는 두부의 수분과 부드럽고 고소한 맛이 소고기 특유의 질긴 식감과 비린 맛을 감싸주어, 아이들이 거부감 없이 먹을 수 있습니다. 그뿐 아니라 아이들에게 꼭 필요한 영양을 고루 채울 수 있는 맛있는 한 끼가 됩니다.

 두부의 단백질과 소고기의 철분이 근육 발달과 뼈 건강을 돕습니다

재료

쌀 250g
채수 280ml
다진 소고기 150g
두부 1/2모
양파 80g
다진 마늘 1T
올리브 오일 1T

 TIP
- 우둔살은 지방 함량이 낮고 단백질, 철분이 풍부해 추천해요. 홍두깨살, 안심으로 대체할 수 있어요.
- 볶은 소고기를 뜸 들이는 과정에서 넣으면 솥밥이 더 담백해지고, 처음부터 쌀과 함께 넣으면 고기의 감칠맛을 더 진하게 느낄 수 있어요.
- 고기를 먼저 볶아 덜어낸 후 약불에 조리하면 맛이 좀 더 담백해지고, 처음부터 쌀과 함께 끓이면 고기의 감칠맛이 살아나요.

1 쌀은 깨끗이 씻어 물기를 빼고 30분 이상 불린다. 양파는 잘게 다진다.

2 기름을 두르지 않은 팬에 두부를 넣고 으깨 중약불에서 고슬고슬하게 볶는다.

3 솥에 올리브 오일, 다진 마늘, 양파를 넣고 약불에서 볶다가 향이 올라오면 다진 소고기를 넣고 핏기가 사라질 때까지 볶은 후 덜어낸다.

4 솥에 불린 쌀, 볶은 두부, 채수를 넣고 뚜껑을 연 채 중불에서 끓기 시작하면 바닥까지 저어준다.

5 볶은 소고기를 올리고 뚜껑을 닫은 후 약불에서 15분간 끓이다 불을 끄고 10분간 뜸 들인다.

고기 싫어하는 아이도 잘 먹는 달콤한 마법
소고기 옥수수 솥밥

옥수수의 노란 색감과 달콤함을 떠올리기만 해도 기분이 좋아지죠. 즐겁게 요리하는 엄마의 마음이 솥밥에 녹아들어 아이도 더 맛있게 먹을 수 있습니다. 특히 색감에 예민하고 밥태기를 겪는 아이도 잘 먹어요. 소고기의 고소하고 풍부한 맛과 옥수수의 달콤한 맛이 솥밥에서 완벽하게 어우러져, 아이들이 맛있게 먹을 수 있는 한 그릇이 완성됩니다.

 소고기의 단백질과 옥수수의 비타민 B군이 근육 발달과 에너지 생산을 도와 성장기 아이들에게 필요한 영양을 채워줍니다. 또 옥수수의 식이 섬유는 소화기 건강을, 소고기의 철분은 면역 기능 유지를 돕는 영양 조합을 제공합니다.

재료

쌀 250g
다시 물 280ml
다진 소고기 150g
옥수수 1개
양파 80g
다진 마늘 1T
올리브 오일 1T

- 우둔살은 지방 함량이 낮고 단백질, 철분이 풍부해 추천해요. 홍두깨살, 안심으로 대체할 수 있어요.
- 옥수수 심지를 넣는 것이 감칠맛과 깊은 맛을 더하는 비법입니다. 다시 물이 없어도 심지에서 나오는 자연스러운 맛 덕분에 맛있는 밥을 만들 수 있어요. 만약 심지가 없다면, 다시 물을 넣어 감칠맛을 더해주세요.
- 5~6월 제철 초당옥수수를 소분해 얼려두면 활용하기 좋아요. 유기농 냉동 옥수수 또는 옥수수 통조림도 추천합니다. 150g 넣어주세요.
- 고기를 먼저 볶아 덜어낸 후 약불에 조리하면 맛이 좀 더 담백해지고, 처음부터 쌀과 함께 끓이면 고기의 감칠맛이 살아나요.

1 쌀은 깨끗이 씻어 물기를 빼고 30분 이상 불린다. 옥수수는 알갱이를 심지와 분리하고 양파는 다진다.

2 솥에 올리브 오일, 다진 마늘, 양파를 넣고 약불에서 볶다가 향이 올라오면 다진 소고기를 넣고 핏기가 사라질 때까지 볶아 덜어낸다.

3 솥에 불린 쌀, 다시 물, 옥수수 심지, 옥수수 알갱이를 넣고 뚜껑을 연 채 중불에서 끓기 시작하면 바닥까지 저어준다.

4 볶은 소고기를 올리고 뚜껑을 닫은 다음 약불에서 15분간 끓이다 불을 끄고 10분간 뜸 들인다.

질겅거리는 식감으로 편식하는 아이, 이 레시피로 종결!

소고기 표고버섯 솥밥

편식하는 아이에게는 소고기의 식감이 부담스러울 수 있죠. 하지만 표고버섯과 함께 솥밥으로 지으면, 버섯의 깊은 감칠맛과 수분이 소고기에 스며들어 식감이 부드러워져, 아이들이 쉽게 먹을 수 있게 도와줍니다. 온 가족이 함께 영양 가득한 솥밥 한 그릇으로 건강을 챙기는 건 어떨까요?

 소고기의 단백질은 근육 발달과 뼈 건강에 도움을 주고 표고버섯의 베타글루칸은 체내 면역 기능 유지에 도움을 줍니다.

재료

쌀 250g
채수 280ml
다진 소고기 150g
표고버섯 3개
양파 80g
다진 마늘 1T
올리브 오일 1T

 TIP

- 우둔살은 지방 함량이 낮고 단백질, 철분이 풍부해 추천해요. 홍두깨살, 안심으로 대체할 수 있어요.
- 볶은 소고기를 뜸 들이는 과정에서 넣으면 솥밥이 더 담백해지고, 처음부터 쌀과 함께 넣으면 고기의 감칠맛을 더 진하게 느낄 수 있어요.
- 건표고버섯을 사용한다면 뜨거운 물 500ml에 다시마 1장, 건표고버섯 1줌을 넣어 30분 이상 우려낸 후 솥밥에 사용하세요. 불린 표고버섯은 잘게 썰어 솥밥에 넣으면 감칠맛과 풍미를 더욱 높일 수 있습니다.
- 들깻가루 1~2T을 추가하면 고소한 맛이 진해지고 전체적인 질감이 부드러워져 편식하는 아이도 잘 먹을 수 있습니다.

1 쌀은 깨끗이 씻어 물기를 빼고 30분 이상 불린다. 버섯, 양파는 다진다.

2 솥에 올리브 오일, 다진 마늘, 양파를 넣고 약불에서 볶다가 향이 올라오면 다진 소고기를 넣고 핏기가 사라질 때까지 볶다가 덜어둔다.

3 솥에 불린 쌀, 채수, 버섯을 넣고 뚜껑을 연 채 중불에서 끓기 시작하면 바닥까지 저어준다.

4 볶은 소고기를 올리고 뚜껑을 닫고 약불에서 15분간 끓이다 불을 끄고 10분간 뜸 들인다.

완벽한 맛과 영양 궁합!
소고기 콩나물 솥밥

콩나물은 시원하고 개운한 맛이 특징이라 어른들의 해장 음식으로도 자주 상에 올라오죠. 그런 콩나물의 시원하고 개운한 맛이 소고기 특유의 비린 맛과 질감을 중화합니다. 또 자연스러운 단맛이 소고기의 고소한 풍미와 깊은 맛을 부드럽게 살려줍니다. 양념장을 넣어 쓱쓱 비비면 엄마, 아빠도 맛있게 먹을 수 있는 솥밥입니다.

 콩나물의 비타민 C와 소고기의 철분이 함께 작용해 아이들의 면역 기능 유지와 뼈 건강에 도움이 됩니다.

재료

쌀 250g
콩나물 삶은 물 280ml
다진 소고기 150g
콩나물 150g
다진 마늘 1T
올리브 오일 1T

 TIP
- 우둔살은 지방 함량이 낮고 단백질, 철분이 풍부해 추천해요. 홍두깨살, 안심으로 대체할 수 있어요.
- 볶은 소고기를 뜸 들이는 과정에서 넣으면 솥밥이 더 담백해지고, 처음부터 쌀과 함께 넣으면 고기의 감칠맛을 더 진하게 느낄 수 있어요.
- 콩나물 삶은 물은 감칠맛이 풍부해 국물로 사용하면 조미료 없이도 깊은 맛을 낼 수 있습니다.
- 콩나물을 데친 후 찬물에 헹구어 식히면 영양 손실을 줄이고 아삭한 식감을 유지하는 데 도움이 됩니다.

1 쌀은 깨끗이 씻어 물기를 빼고 30분 이상 불린다. 콩나물은 꼬리 부분을 다듬고 끓는 물에 1분 정도 데친 후 찬물에 헹군다.

★ 이때 삶은 물은 버리지 말고 식혀둡니다.

2 솥에 올리브 오일, 다진 마늘을 넣고 약불에서 볶다가 향이 올라오면 다진 소고기를 넣고 핏기가 사라질 때까지 볶은 후 덜어낸다.

3 솥에 불린 쌀, 콩나물 삶은 물을 넣고 뚜껑을 연 채 중불에서 끓기 시작하면 바닥까지 저어준다.

4 볶은 소고기를 넣고 뚜껑을 닫아 약불에서 15분간 끓이다 불을 끄고 데친 콩나물을 넣어 10분간 뜸 들인다.

밥태기 아이도 잘 먹는 완벽한 한 그릇!

소고기 미역 무 솥밥

처음에 주혁이에게 소고기 미역국을 줬더니, 촉감 놀이하느라 식탁과 바닥이 지저분해지고, 대부분 버리게 되더라고요. 치우는 게 너무 힘들어 한동안 미역 요리를 안 해주다가 솥밥으로 해주니 너무 잘 먹었어요. 미역과 무를 넣어 솥밥을 지으면 감칠맛과 은은한 단맛, 소고기의 깊은 맛이 밥에 스며들어 부드럽고 담백해져서 아이들이 잘 먹는 영양 만점 한 끼가 완성됩니다.

미역과 무의 비타민 C는 아이들의 면역 기능 유지를 돕고, 풍부한 식이 섬유는 소화를 돕습니다. 소고기의 철분과 미역의 칼슘은 아이들의 뼈와 근육 건강, 체내 영양소 균형에 도움을 줍니다.

재료

쌀 250g
채수 280ml
다진 소고기 100g
건미역 45g
무 150g
표고버섯 3개
양파 80g
다진 마늘 1T
올리브 오일 1T

 TIP

- 우둔살은 지방 함량이 낮고 단백질, 철분이 풍부해 추천해요. 홍두깨살, 안심으로 대체할 수 있어요.
- 무는 단맛이 강한 초록 부분을 강판에 갈아 넣으면, 아이들이 좀 더 쉽게 소화하고 맛있게 먹을 수 있습니다. 아이가 무에 적응한 후에는 얇게 채 썰어 넣어도 좋아요.
- 소분해 보관하다가 물 100ml 정도를 추가해 죽으로 만들어주어도 든든하고 속 편한 한 끼가 완성됩니다.
- 고기를 먼저 볶아 덜어낸 후 약불에 조리하면 맛이 좀 더 담백해지고, 처음부터 쌀과 함께 끓이면 고기의 감칠맛이 살아나요.
- 건표고버섯을 사용한다면 뜨거운 물 500ml에 다시마 1장, 건표고버섯 1줌을 넣어 30분 이상 우려낸 후 솥밥에 사용하세요. 불린 표고버섯은 잘게 썰어 솥밥에 넣으면 감칠맛과 풍미를 더욱 높일 수 있습니다.

1 쌀은 깨끗이 씻어 물기를 빼고 30분 이상 불린다. 무, 양파, 표고버섯은 다진다.

2 건미역은 물에 30분간 불려 3~4번 바락바락 씻은 후 물기를 빼고 잘게 다진다.

★ 잘 씻어야 비린내가 나지 않아요.

3 솥에 올리브 오일, 양파, 다진 마늘을 넣고 약불에서 볶다가 향이 올라오면 다진 소고기를 넣고 핏기가 사라질 때까지 볶다가 덜어낸다.

4 솥에 미역, 표고버섯, 무, 불린 쌀, 채수를 넣고 뚜껑을 연 채 중불에서 끓기 시작하면 바닥까지 저어준다.

5 볶은 소고기를 올리고 뚜껑을 닫은 후 약불에서 15분간 끓이다 불을 끄고 10분간 뜸 들인다.

깊고 풍부한 맛의 완벽한 조화!
소고기 시래기 솥밥

시래기는 손질하기 복잡해 잘 안 먹게 되죠. 가끔 된장찌개 정도에만 넣어 먹었는데, 아이를 키우다 보니 계절의 맛을 다양한 식재료로 경험하게 해주고 싶더라고요. 그래서 손질된 시래기로 간편하게 건강식 솥밥을 만들어봤어요. 시래기의 시원한 맛과 고소한 풍미가 소고기의 느끼한 맛을 중화해 깔끔하고 깊은 풍미로 밥태기 아이 입맛을 사로잡을 거예요. 엄마, 아빠도 시래기가 이렇게 맛있었나 싶어 놀라실 거예요.

시래기의 풍부한 식이 섬유와 비타민 C는 소화 흡수와 면역 기능 유지에 도움을 줍니다. 소고기의 철분, 단백질, 아연 등은 아이들의 뼈 건강, 면역 기능 유지, 근육 발달을 도와 성장에 중요한 역할을 하죠.

재료

쌀 250g
다시 물 280ml
다진 소고기 100g
삶은 시래기 100g
다진 마늘 1T
들기름 1T
올리브 오일 1T

- 우둔살은 지방 함량이 낮고 단백질, 철분이 풍부해 추천해요. 홍두깨살, 안심으로 대체할 수 있어요.
- 삶은 시래기를 구입해 물기를 제거한 후 조리하거나 동결 건조 제품을 사용하면 편리해요.
- 마른 시래기는 끓는 물에 밑동부터 넣고 뚜껑을 닫은 후 20분 정도 삶은 다음 뚜껑을 덮고 4시간 정도 불립니다. 그런 다음 찬물에 3~4번 헹궈 물기를 빼고 밑동은 가위로 자르고 시래기 껍질을 벗기면 부드럽게 조리할 수 있어요.
- 먹기 전 들기름, 간 깨를 넣어도 좋아요.
- 고기를 먼저 볶아 덜어낸 후 약불에 조리하면 맛이 좀 더 담백해지고, 처음부터 쌀과 함께 끓이면 고기의 감칠맛이 살아나요.

1 쌀은 깨끗이 씻어 물기를 빼고 30분 이상 불린다. 삶은 시래기는 다진다.

2 볼에 다진 마늘, 삶은 시래기, 들기름 넣고 버무린다.

3 솥에 올리브 오일, 다진 소고기를 넣고 약불에서 핏기가 사라질 때까지 볶다가 덜어낸다.

4 솥에 불린 쌀, 다시 물을 넣고 뚜껑을 연 채 중불에서 끓기 시작하면 바닥까지 저어준다.

5 볶은 소고기와 시래기를 올리고 뚜껑을 닫고 약불에서 15분간 끓인 후 불을 끄고 10분간 뜸 들인다.

질겅거리는 식감과 비린 향, 이 조합으로 종결!
소고기 우엉 톳 솥밥

우엉은 몸에 좋은 건 알면서도, 손이 잘 가지 않는 식재료입니다. 하지만 당근처럼 껍질만 깎아주면 끝이라는 사실! 아이들 덕분에 부모님까지 다양한 식재료에 도전하게 돼요. 우엉과 톳은 자연의 MSG라고 불릴 만큼 감칠맛이 풍부해 소고기의 질긴 식감과 비린 향을 중화해 풍미를 더욱 높여줍니다. 덕분에 온 가족이 맛있게 먹을 수 있을 거예요.

우엉의 식이 섬유는 소고기의 질감을 부드럽게 해 아이들이 거부감 없이 잘 먹을 수 있게 해주고, 풍부한 칼륨은 체내 수분 균형을 맞춰줍니다. 톳의 칼슘과 철분은 뼈 건강과 혈액순환을 돕고 단백질을 보충하며, 면역 기능 유지와 근육 발달에 도움을 줍니다.

재료

쌀 250g
다시 물 280ml
다진 소고기 150g
우엉 100g
밥 톳 1T
양파 80g
다진 마늘 1T
올리브 오일 1T

 TIP

- 우둔살은 지방 함량이 낮고 단백질, 철분이 풍부해 추천해요. 홍두깨살, 안심으로 대체할 수 있어요.
- 우엉의 아린 맛은 따로 제거하지 마세요. 솥에서 익는 동안 자연스럽게 빠집니다.
- 아이가 톳 향에 익숙하지 않다면 티스푼으로 소량 넣어주세요.
- 우엉과 톳의 풍미가 좋아 다시 물이 없다면 맹물로 밥을 지어도 충분합니다.
- 흙 묻은 우엉은 깨끗이 씻어 껍질을 벗긴 후 다지면 손질하기 쉽습니다. 남은 우엉은 흙이 묻은 상태로 신문지나 종이에 싸서 서늘하고 어두운 곳에 보관하세요.
- 고기를 먼저 볶아 덜어낸 후 약불에 조리하면 맛이 좀 더 담백해지고, 처음부터 쌀과 함께 끓이면 고기의 감칠맛이 살아나요.

1 쌀은 깨끗이 씻어 물기를 빼고 30분 이상 불린다. 우엉은 껍질을 벗겨 잘게 다지고 양파도 다진다.

2 솥에 올리브 오일, 양파, 다진 마늘을 넣고 약불에서 볶다가 향이 올라오면 다진 소고기를 넣고 핏기가 사라질 때까지 볶다가 덜어낸다.

3 솥에 밥 톳, 우엉, 불린 쌀, 다시 물을 넣고 뚜껑을 연 채 중불에서 끓기 시작하면 바닥까지 저어준다.

4 볶은 소고기를 올리고 뚜껑을 닫은 다음 약불에서 15분간 끓인 후 불을 끄고 10분간 뜸 들인다.

SNS 레시피 저장 3,000건! 맛도 영양도 완벽한 조합
소고기 가지 우엉 솥밥

알고리즘이란 참 무섭죠! 한번 잘 먹는다고 소문이 나면 몇백만 뷰를 기록하니까요. 아이들 입맛은 같은 걸까요? 약속이라도 한 듯 소고기 편식을 하는 아이는 물론 밥태기 아이까지 온 가족이 잘 먹는 소문난 레시피입니다. 소고기의 고소한 맛과 가지의 부드럽고 달콤한 식감, 우엉의 감칠맛이 정말 잘 어울려요. 소고기의 질긴 식감이 싫어 편식하는 아이들도 맛있게 한 그릇 뚝딱 비우게 합니다.

 소고기의 단백질과 철분은 근육 발달에 도움을 줍니다. 가지의 항산화 성분과 식이 섬유는 뇌와 장 건강을 돕고, 우엉의 이눌린과 칼륨은 혈당을 조절하고 면역 기능 유지를 돕는 완벽한 한 그릇입니다.

재료

쌀 250g
다시 물 280ml
다진 소고기 150g
가지 80g
우엉 80g
양파 80g
대파 15g
다진 마늘 1T
기 버터 1T
올리브 오일 1T

- 우둔살은 지방 함량이 낮고 단백질, 철분이 풍부해 추천해요. 홍두깨살, 안심으로 대체할 수 있어요.
- 우엉은 아린 맛에 영양 성분이 많으니 따로 제거하지 마세요. 솥에서 익는 동안 자연스럽게 빠집니다.
- 흙 묻은 우엉은 깨끗이 씻어 껍질을 벗긴 후 다지면 손질하기 쉽습니다. 남은 우엉은 흙이 묻은 상태로 신문지나 종이에 싸서 서늘하고 어두운 곳에 보관하세요.
- 고기를 먼저 볶아 덜어낸 후 약불에 조리하면 맛이 좀 더 담백해지고, 처음부터 쌀과 함께 끓이면 고기의 감칠맛이 살아나요.

1 쌀은 깨끗이 씻어 물기를 빼고 30분 이상 불린다. 우엉은 껍질을 벗겨 잘게 다지고 가지, 양파, 대파는 다진다.

2 솥에 기 버터, 다진 마늘, 대파를 넣고 약불에서 볶다가 향이 올라오면 다진 소고기를 넣고 핏기가 사라질 때까지 볶다가 덜어낸다.

3 솥에 올리브 오일, 양파, 가지, 우엉, 불린 쌀을 넣고 약불로 살짝 코팅하듯 볶는다.

★ 수분이 많은 재료를 사용할 때는 쌀을 볶아 수분을 날려요.

4 다시 물을 넣고 뚜껑을 연 채 중불로 올려 끓기 시작하면 바닥까지 저어준다.

5 볶은 소고기를 올리고 뚜껑을 닫은 다음 약불에서 15분간 끓인 후 불을 끄고 10분간 뜸 들인다.

코피 자주 나는 아이들은 무조건 이것!
소고기 연근 우엉 솥밥

연근이 몸에 좋은 건 잘 알지만, 손질부터 조리법까지 어렵게만 느껴지는 식재료 중 하나예요. 그런데 당근처럼 껍질만 벗겨주면 끝이랍니다. 너무 간단하죠? 연근의 아삭한 식감과 우엉의 고소한 풍미가 소고기의 질감을 부드럽게 만들어 아이들이 쉽게 먹을 수 있도록 도와줍니다. 뿌리채소와 소고기의 궁합이 좋다는 걸 바로 느끼실 수 있을 거예요.

우엉의 이눌린과 칼륨은 혈당을 조절하고 면역 기능 유지에 도움을 줍니다. 연근의 비타민 C는 항산화 작용을 통해 염증을 줄이고 혈액순환을 도우며 코피가 자주 나는 아이들에게 도움을 줄 수 있어요.

재료

쌀 250g
채수 280ml
다진 소고기 100g
연근 80g
우엉 80g
양파 80g
다진 마늘 1T
올리브 오일 2T

- 우둔살은 지방 함량이 낮고 단백질, 철분이 풍부해 추천해요. 홍두깨살, 안심으로 대체할 수 있어요.
- 연근은 아삭한 식감이 특징이지만, 좀 더 부드러운 식감을 원한다면 얇게 썰어 찜기에 10분, 또는 끓는 물에 8~10분 삶아 넣어주세요.
- 흙 묻은 우엉은 깨끗이 씻어 껍질을 벗긴 후 다지면 손질하기 쉽습니다. 남은 우엉은 흙이 묻은 상태로 신문지나 종이에 싸서 서늘하고 어두운 곳에 보관하세요.
- 우엉의 아린 맛은 따로 제거하지 않아도 솥에서 익는 동안 자연스럽게 빠집니다.
- 고기를 먼저 볶아 덜어낸 후 약불에 조리하면 맛이 좀 더 담백해지고, 처음부터 쌀과 함께 끓이면 고기의 감칠맛이 살아나요.

1 쌀은 깨끗이 씻어 물기를 빼고 30분 이상 불린다. 우엉과 연근은 껍질을 벗겨 다지고 양파는 다진다.

2 솥에 올리브 오일 1T, 다진 마늘을 넣고 약불에서 볶다가 향이 올라오면 다진 소고기를 넣고 핏기가 사라질 때까지 볶다가 덜어낸다.

3 솥에 올리브 오일 1T, 연근, 우엉, 양파, 불린 쌀을 넣어 약불에서 살짝 볶는다.

4 채수를 넣고 뚜껑을 연 채 중불에서 끓기 시작하면 바닥까지 저어준다.

5 볶은 소고기를 올리고 뚜껑을 닫은 다음 약불에서 15분간 끓인 후 불을 끄고 10분간 뜸 들인다.

고기와 해산물의 완벽한 조화!
소고기 새우 떡갈비 솥밥

소고기와 새우 조합, 생소하죠? 저도 늘 비슷한 떡갈비 레시피만 보다가, 조금 색다른 방법을 생각하며 여러 번 실험한 끝에 개발한 레시피예요. 처음엔 새우 가루를 넣었는데, 감칠맛은 좋지만 새우 특유의 향이 너무 강해서 실패했죠. 그렇게 여러 번 레시피를 수정하면서, 새우 원물을 다져 넣는 것이 제일 좋다는 사실을 알아냈어요. 2주가 넘는 시간 동안 테스트한 끝에, 아이보다 제가 먼저 소고기에 질릴 때쯤 완성했죠. 소고기와 새우를 잘게 다져 떡갈비를 만들어 구운 후, 밥 뜸 들일 때 올려주면 고소함과 풍부한 감칠맛이 솥밥에 스며들어 고기 편식하는 아이도 쉽게 먹을 수 있습니다.

 소고기의 철분과 새우의 오메가3 지방산이 함께 작용해 성장기 영양 보충에 좋으며, 새우와 소고기의 단백질이 뼈와 근육 건강을 도와줍니다.

재료

쌀 250g
다시 물 280ml
다진 소고기 300g
새우 10마리
대파 100g
양파 100g
갈색 팽이버섯 100g
다진 마늘 1T
기 버터 1T
참기름 1T

 TIP

- 우둔살은 지방 함량이 낮고 단백질, 철분이 풍부해 추천해요. 홍두깨살, 안심으로 대체할 수 있어요.
- 다진 소고기는 초퍼로 한번 더 갈면 찰기가 생겨요.
- 반죽은 넉넉히 만들어 소분 가능한 양이에요. 소분한 후 냉동 보관 시 3주 이내 사용을 권장합니다.
- 구워서 냉동 보관 시 해동 후 밥물이 끓어오를 때 올리면 맛과 영양이 가득한 솥밥을 간편하게 완성할 수 있습니다.

1 쌀은 깨끗이 씻어 물기를 빼고 30분 이상 불린다. 양파, 대파, 갈색 팽이버섯을 잘게 다진다.

2 다진 소고기는 한번 더 초퍼로 갈고 새우는 꼬리를 제거한 후 키친타월로 물기를 제거하고 잘게 다진다.

★ 초퍼가 없다면 칼로 다지고 전분 1T을 추가하세요.

3 큰 볼에 소고기, 새우, 양파, 대파, 갈색 팽이버섯, 다진 마늘, 참기름을 넣고 섞어 반죽을 완성한다.

4 반죽을 동그랗게 빚어 팬에 올리고 기 버터를 넣어 중약불에서 굽는다.

5 솥에 불린 쌀, 다시 물을 넣고 뚜껑을 연 채 중불에서 끓기 시작하면 바닥까지 저어준다.

6 뚜껑을 닫고 약불에서 15분간 끓인 후 떡갈비를 올린 다음 10분간 뜸 들인다.

달콤하고 깊은 감칠맛으로 완밥!
소고기 매생이 양파 솥밥

매생이는 어른들도 호불호가 심한 식재료입니다. 하지만 영양소가 풍부해 아이에게 꼭 먹이고 싶은 재료이기도 하죠. 그럴 때는 매생이를 솥밥에 넣어보세요. 매생이의 감칠맛에 소고기의 고소함과 양파의 달콤한 풍미가 어우러져 아이들도 어른들도 거부감 없이 먹을 수 있는 한 끼가 완성됩니다. 아이는 물론 남편의 편식까지 한번에 해결해보세요.

소고기의 철분과 비타민 B군, 매생이의 미네랄, 양파의 비타민 C가 결합되면 아이들의 뼈 건강, 에너지 증진, 면역 기능 유지, 소화에 도움을 줍니다.

재료

쌀 250g
채수 280g
다진 소고기 150g
매생이 50g
양파 80g
대파 15g
다진 마늘 1T
기 버터 1T

- 우둔살은 지방 함량이 낮고 단백질, 철분이 풍부해 추천해요. 홍두깨살, 안심으로 대체 가능해요.
- 건조 매생이는 채수를 끓일 때 함께 넣으면 부드럽게 불어나며 맛이 우러나고, 뜸 들일 때 넣으면 풍미가 살아나요.
- 냉동 매생이는 해동한 후 채수가 끓을 때 넣으면 신선한 맛과 식감을 유지할 수 있습니다.
- 매생이는 처음에 소량씩 적응시킨 후 100g까지 점점 늘려보세요. 많이 넣을수록 감칠맛이 풍부해져요.
- 고기를 먼저 볶아 덜어낸 후 약불에 조리하면 맛이 좀 더 담백해지고, 처음부터 쌀과 함께 끓이면 고기의 감칠맛이 살아나요.
- 먹기 전에 간 깨와 참기름을 넣으면 고소함이 배가됩니다.

1 쌀은 깨끗이 씻어 물기를 빼고 30분간 불린다. 양파와 대파는 다진다.

2 매생이는 흐르는 물에 씻어 물기를 빼준다.

3 솥에 기 버터, 다진 마늘, 양파, 대파를 넣고 약불에서 볶다가 향이 올라오면 다진 소고기를 넣고 핏기가 사라질 때까지 볶다가 덜어낸다.

4 불린 쌀, 매생이, 채수를 넣고 뚜껑을 연 채 중불에서 끓기 시작하면 바닥까지 저어준다.

5 볶은 소고기를 올리고 뚜껑을 닫은 다음 약불에서 15분간 끓인 후 10분간 뜸 들인다.

시금치까지 잘 먹게 해주는 SNS 인기 폭발 메뉴
소고기 시금치 감자 솥밥

시금치 싫어하는 남편도 눈 깜짝할 새에 먹는 레시피예요. 사실 저희 집은 남편도 편식이 심한 편입니다. 그래서 주혁이는 물론 남편도 잘 먹을 수 있는 솥밥 레시피를 연구하죠. 시금치를 다양한 재료와 함께 솥밥으로 조리하니 잘 먹더라고요. 시금치의 고소한 맛과 감자의 부드러움이 소고기의 고소한 풍미와 어우러져 깊고 풍부한 맛을 내죠. 골고루 맛있게 먹는 부모의 모습은 아이의 식습관에 긍정적인 영향을 미칩니다. 아이와 함께 맛있는 솥밥을 즐겨보세요.

소고기의 철분과 비타민 B군, 시금치의 비타민 C와 감자의 식이 섬유가 서로를 보완해 아이들의 뼈 발달은 물론 성장기 영양 보충에 도움을 줍니다.

재료

쌀 200g
다시 물 230ml
다진 소고기 100g
감자 120g
양파 80g
시금치 40g
대파 30g
기 버터 1T

- 우둔살은 지방 함량이 낮고 단백질, 철분이 풍부해 추천해요. 홍두깨살, 안심으로 대체 가능해요.
- 특히 겨울이 제철인 시금치는 뿌리 부분에 영양소가 많습니다. 밥 지을 때 함께 넣어주면 거부감 없이 먹을 수 있고 영양소 파괴도 줄일 수 있습니다. 시금치 뿌리가 있다면 칼등으로 긁어 손질한 후 잘게 다져서 불린 쌀을 넣을 때 함께 넣어주세요.
- 고기를 먼저 볶아 덜어낸 후 약불에 조리하면 맛이 좀 더 담백해지고, 처음부터 쌀과 함께 끓이면 고기의 감칠맛이 살아나요.

1 쌀은 깨끗이 씻어 물기를 빼고 30분 이상 불린다. 감자, 양파, 대파는 다진다.

2 시금치는 먹기 좋게 썬다.

3 솥에 기 버터, 대파, 양파를 넣고 약불에서 볶다가 향이 올라오면 다진 소고기를 넣어 핏기가 사라질 때까지 볶다가 덜어낸다.

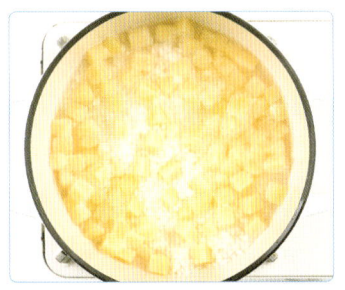

4 솥에 불린 쌀, 감자, 다시 물을 넣고 뚜껑을 연 채 중불에서 끓기 시작하면 바닥까지 저어준다.

5 볶은 소고기를 넣은 다음 뚜껑을 닫고 약불에서 15분간 끓인 후 불을 끄고 시금치를 넣은 다음 10분간 뜸 들인다.

감자의 달콤한 맛으로 완밥 성공!
돼지고기 감자 솥밥

이앓이 시기에는 잘 먹던 돼지고기도 거부하는 아이들이 많아요. 이럴 때는 솥밥에 감자를 넣어보세요. 감자의 달콤한 맛이 아이들의 입맛을 돌게 하거든요. 자연의 달콤함이 주방 가득 퍼지면 아이들이 먼저 식탁에 앉아 기다릴지도 몰라요. 감자는 자연스러운 단맛이 돼지고기의 느끼한 맛을 잡아주고, 전체적인 풍미를 끌어올립니다. 식감도 부드러워서 이앓이 시기에 특히 유용한 솥밥입니다.

돼지고기는 철분 단백질도 풍부할 뿐만 아니라, 탄수화물 대사를 돕는 비타민 B1이 많아 성장기 아이들에게 지속적으로 에너지를 공급하기에 좋아요. 감자의 비타민 C와 칼륨까지 더해져 면역 기능 유지에도 도움을 줍니다.

재료

쌀 200g
다시 물 230ml
다진 돼지고기 150g
감자 120g
양파 80g
다진 마늘 1T
올리브 오일 1T

 TIP

- 아이가 돼지고기 냄새에 민감하고 편식이 심하다면 양을 줄여도 좋아요.
- 아이가 돼지고기 특유의 기름진 맛을 싫어한다면 끓는 물에 대파, 양파, 마늘을 같이 넣고 익혀보세요. 뜸 들일 때 고명처럼 소량 올리면 아이가 고기 맛에 자연스럽게 적응해 섭취량을 늘릴 수 있어요.
- 깔끔한 맛을 내고 싶다면 다시 물, 풍미를 살리고 싶다면 채수를 사용하세요.
- 고기를 먼저 볶아 덜어낸 후 뜸 들일 때 올리면 좀 더 담백해지고, 처음부터 쌀과 함께 끓이면 고기의 감칠맛을 더 느낄 수 있어요.
- 감자는 봄에서 초여름까지, 고구마는 가을과 겨울이 제철입니다. 이 시기에 영양이 제일 풍부하고 달고 맛있으니 계절에 따라 선택해 넣어주세요.
- 냉장고 속 당근, 버섯 등 자투리 채소를 같이 넣어도 됩니다.

1 쌀은 깨끗이 씻어 물기를 빼고 30분 이상 불린다. 감자는 껍질을 벗긴 후 작게 깍둑 썰고 양파는 다진다.

2 볼에 다진 돼지고기, 다진 마늘을 넣고 버무려 10분간 재워둔다.

3 솥에 올리브 오일, 양파를 넣고 약불에서 볶다가 향이 올라오면 돼지고기를 넣고 핏기가 사라질 때까지 볶은 후 덜어낸다.

4 솥에 불린 쌀과 감자, 다시 물을 넣고 뚜껑을 연 채 중불에서 끓기 시작하면 바닥까지 저어준다.

5 볶은 돼지고기를 넣고 뚜껑을 닫고 약불에서 15분간 끓인 다음 불을 끄고 10분간 뜸 들인다.

고소함과 감칠맛의 끝판왕!
돼지고기 우엉 솥밥

우엉은 엄마가 해준 반찬이나 식당에서나 먹을 수 있는 어려운 식재료라고 생각했어요. 그런데 아이를 낳고 이유식을 시작하면서 처음으로 우엉을 사봤고, 당근처럼 흙만 씻어낸 후 껍질만 벗기면 끝이라는 걸 알고 정말 허탈했습니다. 껍질을 깎는 순간부터 퍼지는 향이 너무 좋고, 솥밥에 넣으면 감칠맛이 최고예요. 이제 저희 집에 항상 있는 식재료가 되었죠. 우엉은 돼지고기의 고소한 풍미를 북돋아 아이들이 잘 먹을 수 있도록 도와줍니다.

돼지고기는 두뇌와 집중력에 필요한 비타민 B1이 풍부해 몸을 튼튼하고 면역 기능 유지에 도움을 줍니다. 우엉은 천연 수용성 식이 섬유와 이눌린이 풍부해 변비에 도움을 줘요.

재료

쌀 250g
다시 물 280ml
다진 돼지고기 150g
우엉 100g
양파 80g
다진 마늘 1T
대파(흰 부분) 15g
올리브 오일 1T

 TIP

- 아이가 돼지고기 냄새에 민감하고 편식이 심하다면 양을 줄여도 좋아요.
- 아이가 돼지고기 특유의 기름진 맛을 싫어한다면 끓는 물에 대파, 양파, 마늘을 같이 넣고 익혀보세요. 뜸 들일 때 고명처럼 소량 올리면 아이가 고기 맛에 자연스럽게 적응해 섭취량을 늘릴 수 있어요.
- 우엉은 연근으로 대체 가능합니다. 연근은 끓는 물에 8~10분간 삶은 후 다져서 넣어주세요. 우엉, 연근, 당근 등 뿌리채소를 넣어 밥을 지으면 감칠맛이 풍부해지고 씹는 재미가 생겨 저작 운동에도 도움이 되며, 아이가 식사에 재미를 붙일 수 있어요.
- 우엉의 아린 맛은 따로 제거하지 않아도 솥에서 익는 동안 자연스럽게 빠집니다.
- 고기를 먼저 볶아 덜어낸 후 뜸 들일 때 올리면 좀 더 담백해지고, 처음부터 쌀과 함께 끓이면 고기의 감칠맛을 더 느낄 수 있어요.
- 대파 흰 부분이 더 부드럽고 영양가가 많지만 초록 부분을 사용해도 좋아요.

1 쌀을 깨끗이 씻어 물기를 빼고 30분 이상 불린다. 대파, 양파, 우엉은 잘게 다진다.

2 볼에 다진 돼지고기, 다진 마늘 1T을 넣어 버무려 10분간 재워둔다.

3 솥에 올리브 오일, 대파, 양파를 넣고 약불에서 볶다가 향이 올라오면 다진 고기를 넣고 핏기가 사라질 때까지 볶다가 덜어낸다.

4 솥에 불린 쌀, 다시 물, 우엉을 넣고 뚜껑을 연 채 중불에서 끓기 시작하면 바닥까지 저어준다.

5 볶은 돼지고기를 넣고 뚜껑을 닫고 약불에서 15분간 끓인 후 불을 끄고 10분간 뜸 들인다.

부드러운 식감과 맛의 완벽한 조화!

돼지고기 두부 솥밥

소고기 편식 해결 치트키로 소문난 소고기 두부 솥밥을 돼지고기로 만들어봤어요. 역시 아이들이 너무 잘 먹더라고요. 두부 싫어하는 아이도, 돼지고기 싫어하는 아이도 잘 먹는 완밥 레시피입니다. 돼지고기의 고소하고 진한 맛이 두부의 부드러운 식감과 만나, 고기의 기름진 맛을 완화해줍니다. 또 두부의 식이 섬유가 소화를 도와 한 그릇으로 맛과 영양을 모두 잡을 수 있는 완벽한 조합입니다.

소고기의 동물성과 두부의 식물성 단백질이 만나 아미노산 균형 보완에 좋아요. 두부는 칼슘이 풍부해 뼈 건강에 도움을 줍니다.

재료

쌀 250g
채수 280ml
다진 돼지고기 150g
두부 1/2모
양파 80g
대파(흰 부분) 15g
다진 마늘 1T
올리브 오일 1T

- 아이가 돼지고기 냄새에 민감하고 편식이 심하다면 양을 줄여도 좋아요.
- 아이가 돼지고기 특유의 기름진 맛을 싫어한다면 끓는 물에 대파, 양파, 마늘을 같이 넣고 익혀보세요. 뜸 들일 때 고명처럼 소량 올리면 아이가 고기 맛에 자연스럽게 적응해 섭취량을 늘릴 수 있어요.
- 두부는 물기를 따로 빼지 않아도 마른 팬에 볶아주면 고소함이 배가됩니다.
- 고기를 먼저 볶아 덜어낸 후 뜸 들일 때 올리면 좀 더 담백해지고, 처음부터 쌀과 함께 끓이면 고기의 감칠맛을 더 느낄 수 있어요.
- 대파 흰 부분이 더 부드럽고 영양가가 많지만 초록 부분을 사용해도 좋아요.

1 쌀은 깨끗이 씻어 물기를 빼고 30분 이상 불린다. 양파와 대파는 다진다.

2 볼에 다진 돼지고기, 다진 마늘을 넣고 버무려 10분간 재워둔다.

3 기름 두르지 않은 팬에 두부를 으깨 넣고 중약불에서 고슬고슬하게 볶는다.

4 팬에 올리브 오일, 양파, 대파를 넣고 약불에서 볶다가 향이 올라오면 돼지고기를 넣어 핏기가 사라질 때까지 볶은 후 덜어낸다.

5 솥에 불린 쌀, 볶은 두부, 채수를 넣고 뚜껑을 연 채 중불에서 끓기 시작하면 바닥까지 저어준다.

6 볶은 돼지고기를 넣은 다음 뚜껑을 닫고 약불에서 15분간 끓인 후 불을 끄고 10분간 뜸 들인다.

비린내 잡고 감칠맛과 영양은 극대화
돼지고기 갈색 팽이버섯 솥밥

갈색 팽이버섯 하면 많은 인친님들이 저를 떠올릴 정도로 저의 '최애' 식재료가 되었어요. 아이들의 밥태기 편식 해결사로 자리 잡았죠. 흰 팽이버섯은 이제 찬밥이 되었다는 슬픈 이야기가 있을 정도로 갈색 팽이버섯은 자연스러운 감칠맛이 뛰어나 MSG처럼 깊고 진한 풍미를 제공합니다. 그래서 모든 솥밥에 잘 어울려요. 돼지고기의 기름진 맛과 비린내를 갈색 팽이버섯이 잡아줘 감칠맛과 풍미를 더해주죠. 밥태기 아이는 물론 돼지고기를 편식하는 아이들도 맛있게 먹을 수 있는 완밥 레시피입니다.

 갈색 팽이버섯의 항산화 성분은 돼지고기와 함께 섭취하면 철분의 흡수율을 높입니다.

재료

쌀 250g
다시 물 280ml
다진 돼지고기 150g
갈색 팽이버섯 150g
양파 80g
대파(흰 부분) 15g
다진 마늘 1T
올리브 오일 1T

- 아이가 돼지고기 냄새에 민감하고 편식이 심하다면 양을 줄여도 좋아요.
- 아이가 돼지고기 특유의 기름진 맛을 싫어한다면 끓는 물에 대파, 양파, 마늘을 같이 넣고 익혀보세요. 뜸 들일 때 고명처럼 소량 올리면 아이가 고기 맛에 자연스럽게 적응해 섭취량을 늘릴 수 있어요.
- 다양한 버섯을 넣으면 다채로운 식감과 맛으로 아이들이 흥미를 가질 수 있어요. 버섯은 가볍게 키친타월로 닦아낸 후 사용해도 좋고, 물로 한 번 빠르게 헹군 후 물기를 제거하고 사용하세요.
- 고기를 먼저 볶아 덜어낸 후 뜸 들일 때 올리면 좀 더 담백해지고, 처음부터 쌀과 함께 끓이면 고기의 감칠맛을 더 느낄 수 있어요.
- 대파 흰 부분이 더 부드럽고 영양가가 많지만 초록 부분을 사용해도 좋아요.

1 쌀은 깨끗이 씻어 물기를 빼고 30분 이상 불린다. 갈색 팽이버섯은 잘게 썰고 양파와 대파는 다진다.

2 볼에 다진 돼지고기, 다진 마늘을 넣고 버무려 10분간 재워둔다.

3 솥에 올리브 오일, 양파, 대파를 넣고 약불에서 볶다가 향이 올라오면 돼지고기를 넣고 핏기가 사라질 때까지 볶은 후 덜어낸다.

4 솥에 불린 쌀, 갈색 팽이버섯, 다시 물을 넣고 뚜껑을 연 채 중불에서 끓기 시작하면 바닥까지 저어준다.

5 볶은 돼지고기를 넣고 뚜껑을 닫고 약불에서 15분간 끓인 다음 불을 끄고 10분간 뜸 들인다.

고소한 맛의 완벽한 조화!
돼지고기 고사리 솥밥

고사리는 물에 불리고 씻고 데치는 과정이 번거로워서 잘 먹지 않는 재료였어요. 아이에게 나물의 영양을 챙겨주고 싶어 고민하던 중, 데친 고사리 제품을 발견했습니다. 따로 불릴 필요 없이 끓는 물에 가볍게 한번 데쳐 솥밥에 넣으면 되니 바쁜 엄마들에게 아주 유용해요. 특히 돼지고기와의 궁합이 굉장히 좋아요. 돼지고기와 고사리를 편식하는 아이는 물론 아빠의 편식까지 한번에 해결할 수 있는 솥밥입니다.

 고사리의 풍부한 비타민 A·C는 돼지고기와 함께 섭취하면 면역 기능 유지와 성장에 필요한 에너지를 주고, 근육 형성에 도움을 줍니다. 또 고사리의 풍부한 식이 섬유는 변비 예방과 장 건강에 도움을 줍니다.

재료

쌀 250g
다시 물 280ml
다진 돼지고기 150g
삶은 고사리 120g
양파 80g
대파(흰 부분) 15g
다진 마늘 1T
올리브 오일 1T
참기름 1T

- 아이가 돼지고기 냄새에 민감하고 편식이 심하다면 양을 줄여도 좋아요.
- 아이가 돼지고기 특유의 기름진 맛을 싫어한다면 끓는 물에 대파, 양파, 마늘을 같이 넣고 익혀보세요. 뜸 들일 때 고명처럼 소량 올리면 아이가 고기 맛에 자연스럽게 적응해 섭취량을 늘릴 수 있어요.
- 삶은 고사리는 찬물에 빠르게 헹군 후 사용해도 좋지만, 좀 더 부드러운 질감을 원하면 데쳐도 좋습니다.
- 고사리의 색감에 거부감이 있다면, 처음에는 소량으로 시작해보세요.
- 고기를 먼저 볶아 덜어낸 후 뜸 들일 때 올리면 좀 더 담백해지고, 처음부터 쌀과 함께 끓이면 고기의 감칠맛을 더 느낄 수 있어요.
- 먹기 전 참기름, 간 깨를 넣으면 풍미가 더 좋아져요.
- 대파 흰 부분이 더 부드럽고 영양가가 많지만 초록 부분을 사용해도 좋아요.

1 쌀은 깨끗이 씻어 물기를 빼고 30분 이상 불린다. 삶은 고사리는 잘게 썰고 양파, 대파는 다진다.

2 볼에 다진 돼지고기, 다진 마늘을 넣고 버무려 10분간 재워둔다.

3 고사리는 끓는 물에 10초 정도 데친 후 손으로 물기를 꽉 짜낸 다음 참기름을 넣어 버무린다.

★ 솥밥은 발연점이 높지 않아 참기름을 사용해도 안전해요.

4 솥에 올리브 오일, 대파, 양파를 넣고 약불에서 볶다가 향이 올라오면 돼지고기를 넣은 후 핏기가 사라질 때까지 볶아 덜어낸다.

5 솥에 불린 쌀, 다시 물, 고사리를 넣고 뚜껑을 연 채 중불에서 끓기 시작하면 바닥까지 저어준다.

6 볶은 돼지고기를 넣고 뚜껑을 닫고 약불에서 15분간 끓인 다음 불을 끄고 10분간 뜸 들인다.

밥태기 아이 입맛 저격!
돼지고기 부추 솥밥

돼지고기와 부추라는 말만 들어도 고소하고 향긋한 맛이 떠오르죠? 어른에겐 맛있는 조합이지만, 맛과 향에 예민한 아이들은 부추와 돼지고기 모두에 거부감을 느낄 수 있어요. 그럴 때는 솥밥에 돼지고기와 부추의 비율을 소량씩 조절해 넣으면, 두 가지 편식을 한번에 해결할 수 있는 효자 레시피가 됩니다. 자연스러운 단맛, 고소한 맛, 풍미가 어우러진 돼지고기 부추 솥밥을 꼭 만들어보세요.

돼지고기의 비타민 B군은 에너지 생성을 돕고 성장기 영양 보충에 좋습니다. 부추는 비타민 C, 식이 섬유가 풍부해 면 기능 유지와 소화 건강을 돕습니다.

재료

쌀 250g
채수 280ml
다진 돼지고기 150g
부추 50g
양파 80g
대파(흰 부분) 15g
다진 마늘 1T
올리브 오일 1T

- 아이가 돼지고기 냄새에 민감하고 편식이 심하다면 양을 줄여도 좋아요.
- 아이가 돼지고기 특유의 기름진 맛을 싫어한다면 끓는 물에 대파, 양파, 마늘을 같이 넣고 익혀보세요. 뜸 들일 때 고명처럼 소량 올리면 아이가 고기 맛에 자연스럽게 적응해 섭취량을 늘릴 수 있어요.
- 부추는 마지막에 넣어 맛과 영양을 살리는 것이 좋지만, 아이가 색감과 향에 대한 거부감이 심하다면, 채수를 넣을 때 자투리 채소와 함께 조금만 넣어 적응할 수 있게 해주세요.
- 남은 부추는 달걀 부추 전을 만들면 맛있어요. 부추 겉절이를 해서 솥밥과 함께 먹어도 좋습니다.
- 고기를 먼저 볶아 덜어낸 후 뜸 들일 때 올리면 좀 더 담백해지고, 처음부터 쌀과 함께 끓이면 고기의 감칠맛을 더 느낄 수 있어요.
- 먹기 전 참기름과 간 깨를 넣으면 풍미가 더욱 좋아집니다.
- 대파 흰 부분이 더 부드럽고 영양가가 많지만 초록 부분을 사용해도 좋아요.

1 쌀은 깨끗이 씻어 물기를 빼고 30분 이상 불린다. 부추는 잘게 썰고 양파와 대파도 다진다.

2 볼에 다진 돼지고기, 다진 마늘을 넣고 버무려 10분간 재워둔다.

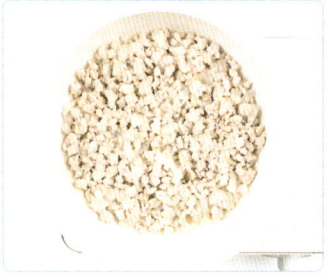

3 솥에 올리브 오일, 대파, 양파를 넣고 약불에서 볶다가 향이 올라오면 돼지고기를 넣고 핏기가 사라질 때까지 볶은 후 덜어낸다.

4 솥에 불린 쌀, 채수를 넣고 뚜껑을 연채 중불에서 끓기 시작하면 바닥까지 저어준다.

5 볶은 돼지고기를 넣고 뚜껑을 닫은 후 약불에서 15분간 끓인 다음 불을 끄고 부추를 넣어 10분간 뜸 들인다.

솥밥 하나로 편식 걱정 끝!
돼지고기 가지 솥밥

어른들은 없어서 못 먹는 돼지고기지만, 아이들에게는 거부감이 들 수 있어요. 건강하게 단백질과 영양소를 보충해주고 싶은 엄마들의 애를 태우곤 하죠. 그런데 가지가 돼지고기의 비린내를 잡는 귀신이라는 사실, 알고 계셨나요? 실제로 이 레시피로 모든 고기를 거부하던 아이가 돼지고기와 가지는 물론 소고기까지 잘 먹게 되었다는 감격스러운 후기가 많이 올라왔습니다. 이 솥밥 레시피로 편식을 꼭 극복하시길 바랄게요.

 가지에 포함된 클로로겐산은 돼지고기 특유의 비린 맛을 중화해줍니다. 가지의 수분과 식이 섬유는 돼지고기와 잘 어우러져 질감을 부드럽게 만들어줍니다. 또 가지의 항산화 성분이 세포 건강을 촉진하고, 돼지고기의 철분은 혈액순환을 돕습니다.

재료

쌀 250g
다시 물 280ml
다진 돼지고기 150g
가지 80g
양파 80g
다진 마늘 1T
대파(흰 부분) 15g
올리브 오일 1T

 TIP

- 아이가 돼지고기 냄새에 민감하고 편식이 심하다면 양을 줄여도 좋아요.
- 아이가 돼지고기 특유의 기름진 맛을 싫어한다면 끓는 물에 대파, 양파, 마늘을 같이 넣고 익혀보세요. 뜸 들일 때 고명처럼 소량 올리면 아이가 고기 맛에 자연스럽게 적응해 섭취량을 늘릴 수 있어요.
- 버섯, 당근 등 자투리 채소를 활용해도 좋습니다.
- 고기를 먼저 볶아 덜어낸 후 뜸 들일 때 올리면 좀 더 담백해지고, 처음부터 쌀과 함께 끓이면 고기의 감칠맛을 더 느낄 수 있어요.
- 대파 흰 부분이 더 부드럽고 영양가가 많지만 초록 부분을 사용해도 좋아요.

1 쌀은 깨끗이 씻어 물기를 빼고 30분 이상 불린다. 가지는 잘게 썰고 양파와 대파는 다진다.

2 볼에 다진 돼지고기, 다진 마늘을 넣고 버무려 10분간 재워둔다.

3 솥에 올리브 오일, 대파, 양파를 넣고 약불에서 볶다가 향이 올라오면 돼지고기를 넣어 핏기가 사라질 때까지 볶다가 덜어낸다.

4 솥에 가지, 불린 쌀, 다시 물을 넣고 뚜껑을 연 채 중불에서 끓기 시작하면 바닥까지 저어준다.

5 볶은 돼지고기를 올리고 뚜껑을 닫아 약불에서 15분간 끓인 후 불을 끄고 10분간 뜸 들인다.

달콤함으로 밥태기 극복하는 화제의 레시피
닭 안심 단호박 솥밥

닭고기 편식이 심한 아이를 유혹하기 좋은 단호박의 노란색과 달콤한 맛이 매력적인 솥밥입니다. 편식하는 아이는 물론 밥태기 아이들도 완밥했다는 후기가 많았어요. 덩달아 엄마, 아빠도 두 그릇 먹게 되는 마법의 솥밥입니다. 단호박의 부드러운 식감과 달콤함은 닭 안심의 건조하고 퍽퍽한 질감을 보완해주며, 닭고기 특유의 밋밋함을 풍부하고 달콤한 맛으로 바꿔 아이들의 입맛을 사로잡습니다.

 닭 안심의 단백질과 단호박의 비타민 A·C가 아이들의 뼈 발달에 도움을 주고, 단호박의 식이섬유는 소화를 돕습니다.

재료

쌀 200g
채수 230ml
닭 안심 200g
단호박 150g

- 닭고기 편식이 심하다면 닭고기를 소량(30~50g) 삶아 초퍼로 잘게 다진 후 솥밥에 넣으세요. 이때 밥과 다른 재료로 가려 잘 안 보이도록 하면, 아이가 자연스럽게 닭고기를 섭취할 수 있습니다. 처음에는 소량으로 시작하고, 아이가 적응하면 차츰 양을 늘려주세요.
- 소분한 솥밥은 죽으로 만들어주면 한층 더 부드럽고 달콤해서 닭고기에 대한 거부감을 줄여줍니다.
- 단호박은 베이킹 소다로 골고루 문지르며 닦은 후 전자레인지에 3~4분 돌리면 껍질이 잘 벗겨집니다. 아이가 식감에 예민하다면 벗겨도 좋아요.

1 쌀은 깨끗이 씻어 물기를 빼고 30분 이상 불린다. 단호박은 통으로 전자레인지에 3~4분 돌린 후 씨를 제거하고 작게 깍둑 썬다.

2 닭 안심은 포크로 힘줄을 제거하고 끓는 물에 5분간 데친 후 건져내 잘게 자른다.

★ 촉촉한 식감을 위해 솥에서 마저 익힙니다.

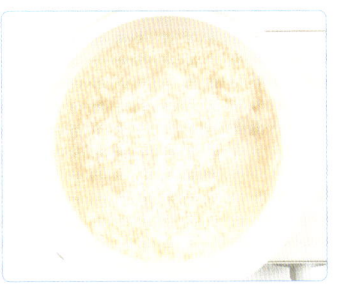

3 솥에 불린 쌀, 채수를 넣고 뚜껑을 연 채 중불에서 끓기 시작하면 바닥까지 저어준다.

4 단호박, 데친 닭 안심을 넣고 뚜껑을 닫은 후 약불에서 15분간 끓인 다음 불을 끄고 10분간 뜸 들인다.

고단백 영양 조합으로 입맛 저격!
닭 안심 양배추 새우 솥밥

닭고기 편식 잡으려다 양배추까지 잘 먹게 만드는 일석이조 레시피예요. 양배추는 조리되는 과정에서 식감이 부드러워지고 달콤한 맛이 우러나와 닭고기의 퍽퍽한 식감을 감싸줍니다. 거기에 새우의 감칠맛이 어우러져, 아이가 맛있게 먹을 수 있는 영양 솥밥 한 그릇이 완성됩니다. 고단백 몸보신 솥밥으로 추천합니다.

 닭 안심의 풍부한 단백질은 근육 발달을 돕고, 새우는 오메가3 지방산과 아연이 풍부해 성장기 영양 보충과 면역 기능 유지에 도움을 줍니다. 양배추의 항산화 성분은 피부 건강을 돕고, 소화를 촉진하죠. 또 필수아미노산을 고루 함유해 아이의 성장에 필요한 영양소를 보충할 수 있습니다.

재료

쌀 250g
채수 280ml
닭 안심 200g
양배추 100g
새우 10마리
양파 80g
기 버터 1T
다진 마늘 1T

 TIP
- 닭고기 편식이 심하다면 닭고기를 소량(30~50g) 삶아 초퍼로 잘게 다진 후 솥밥에 넣으세요. 이때 밥과 다른 재료로 가려 잘 안 보이도록 하면, 아이가 자연스럽게 닭고기를 섭취할 수 있습니다. 처음에는 소량으로 시작하고, 아이가 적응하면 차츰 양을 늘려주세요.
- 찐 단호박을 잘게 잘라 뜸 들일 때 소량 넣어도 좋아요.

1 쌀은 깨끗이 씻어 물기를 빼고 30분 이상 불린다. 양배추는 채 썰고, 양파는 다진다.

2 새우는 꼬리를 제거한 후 키친타월로 물기를 제거한다. 닭 안심은 포크로 힘줄을 제거하고 끓는 물에 5분간 데친 후 건져내 잘게 자른다.
★ 물기를 꼼꼼하게 제거해야 비린 맛이 나지 않아요.

3 솥에 기 버터, 다진 마늘, 양파를 넣고 약불에서 볶다가 향이 올라오면 양배추를 넣고 볶다가 덜어낸다.

4 솥에 새우를 넣고 약불에서 새우 겉면만 살짝 익힌 후 덜어낸다.
★ 촉촉한 식감을 위해 솥에서 마저 익힙니다.

5 솥에 불린 쌀, 채수를 넣고 뚜껑을 연채 중불에서 끓기 시작하면 바닥까지 저어준다.

6 데친 닭 안심, 볶은 양배추, 새우를 넣고 뚜껑을 닫고 약불에서 15분간 끓인 다음 불을 끄고 10분간 뜸 들인다.
★ 새우를 뜸 들일 때 넣으면 식감이 부드러워요.

성장 발달을 위한 완벽한 조화

닭 안심 매생이 솥밥

사실 매생이는 어른들도 호불호가 많이 갈리는 재료입니다. 그동안은 주로 국으로만 먹었는데, 어느 날 문득 솥밥에 넣으면 어떨까 하는 생각이 들었어요. 조합해보니 감칠맛이 훨씬 더 배가되고, 염분 많은 국물을 먹지 않아도 철분을 가득 챙길 수 있는 솥밥이 완성되었습니다. SNS에 퍼지면서 편식하는 아이도 잘 먹는 소문난 레시피가 되었어요. 매생이의 부드러운 식감이 닭 안심의 퍽퍽한 식감을 중화하고, 담백한 닭 안심과 매생이의 감칠맛이 만나 아이들이 맛있게 먹을 수 있습니다. 온 가족이 건강하게 맛있게 솥밥을 즐겨보세요!

닭 안심의 단백질과 매생이의 칼슘, 철분이 아이의 성장에 필요한 영양소를 제공합니다.

재료

쌀 250g
채수 280ml
닭 안심 200g
매생이 50g
갈색 팽이버섯 80g
양파 80g
대파 15g
다진 마늘 1T
기 버터 1T

- 닭고기 편식이 심하다면 닭고기를 소량(30~50g) 삶아 초퍼로 잘게 다진 후 솥밥에 넣으세요. 이때 밥과 다른 재료로 가려 잘 안 보이도록 하면, 아이가 자연스럽게 닭고기를 섭취할 수 있습니다. 처음에는 소량으로 시작하고, 아이가 적응하면 차츰 양을 늘려주세요.
- 매생이를 찬물에 넣고 함께 끓이면, 식감이 더 부드러워져 아이가 더 쉽게 먹을 수 있습니다. 매생이의 영양소도 더 잘 흡수됩니다.

1 쌀은 깨끗이 씻어 물기를 빼고 30분 이상 불린다. 갈색 팽이버섯은 잘게 썰고 양파, 대파는 다진다.

2 닭 안심은 포크로 힘줄을 제거하고 끓는 물에 5분간 데친 후 건져내 잘게 자른다.

★ 촉촉한 식감을 위해 솥에서 마저 익힙니다.

3 매생이는 가볍게 씻는다.

4 솥에 기 버터, 다진 마늘, 대파, 양파를 넣고 약불에서 볶는다.

5 향이 올라오면 불린 쌀, 갈색 팽이버섯, 매생이, 채수를 넣고 잘 섞은 후 뚜껑을 연 채 중불에서 끓기 시작하면 바닥까지 저어준다.

6 데친 닭 안심을 넣고 뚜껑을 닫은 후 약불에서 15분간 끓인 다음 불을 끄고 10분간 뜸 들인다.

자연의 감칠맛과 영양의 완벽한 조화
닭 안심 우엉 당근 솥밥

여러분, 코로나 사태 기억하시죠? 저도 아이도 피해 갈 수 없었어요. 목도 아프고 맛도 잘 안 느껴져 입맛을 잃었을 때, 남편이 집에 있는 닭고기과 우엉을 활용해 솥밥을 만들어주었어요. 물 조절에 실패해 조금 질게 지어졌는데, 우엉의 풍부한 감칠맛 덕분에 푹 끓인 삼계탕 맛이 나더라고요. 그렇게 해서 기름기는 빼고 담백함과 감칠맛만 살린 유아식 닭 우엉 솥밥이 탄생했습니다.

 우엉의 이눌린이 장 건강, 칼륨과 비타민 C는 면역 기능 유지를 도와줍니다. 또 닭고기의 단백질과 함께 체내 수분 균형을 맞추며, 성장기 아이에게 필요한 영양을 제공합니다.

재료

쌀 250g
채수 280ml
닭 안심 200g
우엉 100g
당근 50g
양파 80g
올리브 오일 1T
다진 마늘 1T

- 닭고기 편식이 심하다면 닭고기를 소량(30~50g) 삶아 초퍼로 잘게 다진 후 솥밥에 넣으세요. 이때 밥과 다른 재료로 가려 잘 안 보이도록 하면, 아이가 자연스럽게 닭고기를 섭취할 수 있습니다. 처음에는 소량으로 시작하고, 아이가 적응하면 차츰 양을 늘려주세요.
- 버섯, 애호박 등 자투리 채소를 넣어도 좋아요.
- 우엉의 아린 맛은 따로 제거하지 않아도 솥에서 익는 동안 자연스럽게 빠집니다.

1 쌀은 깨끗이 씻어 물기를 빼고 30분 이상 불린다. 우엉, 당근, 양파는 잘게 다진다.

2 닭 안심은 포크로 힘줄을 제거하고 끓는 물에 5분간 데친 후 건져내 잘게 자른다.

★ 촉촉한 식감을 위해 솥에서 마저 익힙니다.

3 솥에 올리브 오일, 다진 마늘, 양파를 넣고 약불에 볶는다. 향이 올라오면 당근, 우엉, 불린 쌀, 채수를 넣고 뚜껑을 연 채 중불에서 끓기 시작하면 바닥까지 저어준다.

4 데친 닭 안심을 넣어 뚜껑을 닫고 약불에서 15분간 끓인 후 불을 끄고 10분간 뜸 들인다.

파프리카까지 잘 먹게 하는 영양 가득한 한 끼

닭 안심 파프리카 갈색 팽이버섯 솥밥

닭고기 편식 해결하려다 파프리카까지 잘 먹게 되었다는 후기가 폭발한 레시피예요. 실제 한 인친님은 '닭고기는 물론이고 파프리카 편식이 너무 심했는데, 아이가 이 솥밥으로 한 그릇 뚝딱 해치웠다'며 너무 기뻐 눈물을 흘렸다는 DM까지 보내오셨어요. 파프리카를 솥밥에 넣으면 특유의 쓴맛과 향이 밥에 스며들어 은은한 단맛으로 변합니다. 여기에 갈색 팽이버섯이 감칠맛까지 살려주니 아이가 더 맛있게 먹을 수 있어요.

파프리카의 칼륨은 체내 수분 균형을 맞추고, 비타민 A는 시력 발달에 중요한 역할을 합니다. 닭고기의 단백질은 근육과 뼈 발달을 돕고, 갈색 팽이버섯은 항산화 성분이 풍부해 성장기 아이의 세포 보호와 염증 감소에 도움을 주죠.

재료

쌀 250g
채수 280ml
닭 안심 200g
파프리카 80g
갈색 팽이버섯 80g
양파 80g
다진 마늘 1T
기 버터 1T

- 닭고기 편식이 심하다면 닭고기를 소량(30~50g) 삶아 초퍼로 잘게 다진 후 솥밥에 넣으세요. 이때 밥과 다른 재료로 가려 잘 안 보이도록 하면, 아이가 자연스럽게 닭고기를 섭취할 수 있습니다. 처음에는 소량으로 시작하고, 아이가 적응하면 차츰 양을 늘려주세요.
- 아이가 파프리카의 식감에 예민하다면 볶지 말고 불린 쌀과 함께 넣어 푹 익혀주세요.
- 빨간 파프리카가 제일 달지만, 아이가 색감에 민감하다면 노란색이나 주황색 파프리카를 추천합니다.

1 쌀은 깨끗이 씻어 물기를 빼고 30분 이상 불린다. 파프리카와 갈색 팽이버섯은 잘게 썰고, 양파는 다진다.

2 닭 안심은 포크로 힘줄을 제거하고 끓는 물에 5분간 데친 후 건져 잘게 자른다.

★ 촉촉한 식감을 위해 솥에서 마저 익힙니다.

3 솥에 기 버터, 파프리카를 넣어 약불로 살짝 볶다가 덜어낸다.

4 솥에 다진 마늘, 양파, 갈색 팽이버섯, 불린 쌀을 넣고 약불로 살짝 볶다가 채수를 붓고 뚜껑을 연 채 중불에서 끓기 시작하면 바닥까지 저어준다.

5 데친 닭 안심을 넣어 뚜껑을 닫고 약불에서 15분간 끓인 후 불을 끄고 볶은 파프리카를 올린 다음 뚜껑을 닫고 10분간 뜸 들인다.

부드럽고 담백한 영양 만점 한 끼
닭 안심 감자 솥밥

실패 없는 '맛없없' 레시피예요. 닭고기 편식하는 아이들을 위해서 저의 솥밥 치트키인 감자를 활용해봤습니다. 감자의 부드러운 식감과 자연스러운 달콤함이 아이의 입맛을 사로잡고, 닭고기 특유의 밋밋한 맛을 감자의 고소하고 부드러운 맛으로 보완합니다. 편식하는 아이도 거부감 없이 잘 먹을 거예요. 감자가 제철일 때 꼭 만들어보세요.

 닭고기의 단백질과 감자의 칼륨, 비타민 C가 아이의 성장과 면역 기능 유지를 돕고, 감자의 식이 섬유는 소화를 촉진합니다.

재료

쌀 200g
다시 물 230ml
닭 안심 200g
감자 120g
양파 80g
다진 마늘 1T
기 버터 1T

- 닭고기 편식이 심하다면 닭고기를 소량(30~50g) 삶아 초퍼로 잘게 다진 후 솥밥에 넣으세요. 이때 밥과 다른 재료로 가려 잘 안 보이도록 하면, 아이가 자연스럽게 닭고기를 섭취할 수 있습니다. 처음에는 소량으로 시작하고, 아이가 적응하면 차츰 양을 늘려주세요.
- 감자 대신 고구마를 넣어도 좋아요. 감자는 봄에서 초여름까지, 고구마는 가을과 겨울이 제철입니다. 이 시기에 영양이 제일 풍부하고 달고 맛있으니 계절에 따라 선택하세요.
- 당근, 버섯 등 자투리 채소를 같이 넣어도 좋아요.

1 쌀은 깨끗이 씻어 물기를 빼고 30분 이상 불린다. 감자, 양파는 잘게 다진다.

2 닭 안심은 포크로 힘줄을 제거하고 끓는 물에 5분간 데친 후 건져내 잘게 자른다.

★ 촉촉한 식감을 위해 솥에서 마저 익힙니다.

3 솥에 기 버터, 다진 마늘, 양파를 넣고 약불에서 볶는다.

4 향이 올라오면 불린 쌀, 다시 물, 감자를 넣고 뚜껑을 연 채 중불에서 끓기 시작하면 바닥까지 저어준다.

5 데친 닭 안심을 넣어 뚜껑을 닫고 약불에서 15분간 끓인 후 불을 끄고 10분간 뜸 들인다.

맛과 영양, 두 마리 토끼를 잡은 한끼
닭 안심 콩나물 진밥

아이가 아프면 너무 속상하죠. 입맛이 떨어지고 밥 양이 급격히 줄어들어 잘 먹던 반찬도 거부해요. 그 때문에 열심히 찌운 살이 순식간에 빠지곤 합니다. 저에게 SOS를 보내는 어머님들을 위해, 소화가 잘되면서도 영양을 챙길 수 있는 솥밥을 연구했어요. 닭고기는 다른 고기보다 기름기가 적고 소화가 잘돼 아픈 아이도 잘 먹을 수 있습니다. 콩나물 특유의 시원한 맛이 닭고기의 담백한 맛을 더욱 살려주죠. 특히 진밥의 부드러움으로 아이가 더 쉽게 먹을 수 있게 도와줍니다.

 콩나물에는 아스파라긴산이 풍부해 체내 에너지 생성을 돕고, 닭고기의 단백질은 성장기 아이에게 필요한 영양을 제공합니다.

재료

쌀 250g
채수 600ml
닭 안심 200g
콩나물 150g
애호박 100g
우엉 100g
양파 100g

- 닭고기 편식이 심하다면 닭고기를 소량(30~50g) 삶아 초퍼로 잘게 다진 후 솥밥에 넣으세요. 이때 밥과 다른 재료로 가려 잘 안 보이도록 하면, 아이가 자연스럽게 닭고기를 섭취할 수 있습니다. 처음에는 소량으로 시작하고, 아이가 적응하면 차츰 양을 늘려주세요.
- 아이가 식감에 예민하다면 콩나물 대신 좀 더 부드러운 숙주를 사용해도 좋아요.
- 상황에 따라 우엉을 생략할 수 있으며 애호박, 당근, 버섯 등 자투리 채소를 활용해도 됩니다.
- 우엉의 아린 맛은 따로 제거하지 않아도 솥에서 익는 동안 자연스럽게 빠집니다.

1 쌀은 깨끗이 씻어 물기를 빼고 30분 이상 불린다. 콩나물은 잘게 썰고 애호박, 우엉, 양파는 다진다.

2 닭 안심은 포크로 힘줄을 제거하고 끓는 물에 5분간 데친 후 건져내 잘게 자른다.

★ 촉촉한 식감을 위해 솥에서 마저 익힙니다.

3 솥에 불린 쌀, 채수, 애호박, 양파, 우엉을 넣고 중불에서 끓기 시작하면 바닥까지 저어준다.

4 닭 안심, 콩나물을 넣어 뚜껑을 닫고 약불에서 10분간 끓인다.

5 뚜껑을 열어 바닥에 눌어붙지 않도록 한번 더 저어준 다음 뚜껑을 닫고 약불로 5분간 끓인 후 불을 끈 후 10분간 뜸 들인다.

★ 원하는 질감에 따라 채수를 추가하세요.

사골 곰탕이 질릴 땐, 특별한 보양식

닭곰탕

활동량이 적고 소화기가 약한 아이에게는 기름기 적은 닭 안심이나 닭 가슴살로 음식을 만들어주고, 기름진 음식은 최소한으로 제공하는 것이 좋습니다. 하지만 돌이 지나고 본격적으로 걷고 뛰기 시작하면, 활동량이 늘어나 더 많은 열량이 필요하죠. 저도 주혁이에게 곰탕만 주다가 좀 더 색다른 보양식을 먹이고 싶더라고요. 그래서 다양한 테스트 끝에 완성한 닭곰탕 레시피입니다. 식초를 넣어 생소하게 느낄 수 있지만 SNS에서 수백 건의 후기를 통해 검증된 레시피입니다. 깊고 풍부한 풍미를 즐기며 영양도 가득 챙길 수 있는 보양식, 꼭 한번 해보세요

닭 뼈에는 칼슘, 콜라겐 등이 풍부해 감칠맛과 영양이 가득합니다.

재료

닭 안심 50g
파프리카 30g
양파 10g
달걀 1개
올리브 오일 1T
찹쌀가루 1T

TIP · 솥밥을 만든 후 남은 재료나 채소를 자유롭게 사용하면 됩니다.

1 닭 안심은 포크로 힘줄을 제거하고 끓는 물에 5분간 데친 후 건져내 잘게 다진다.

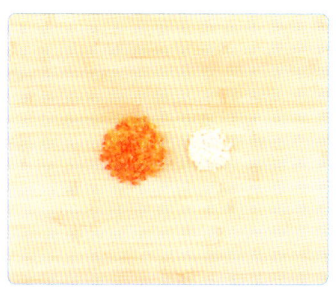

2 파프리카, 양파를 잘게 다진다.

3 볼에 달걀을 풀어 넣고 닭 안심, 파프리카, 양파, 찹쌀가루를 넣어 반죽한다.
★ 원하는 농도에 맞게 찹쌀가루를 조절하세요.

4 팬에 올리브 오일을 두르고 반죽을 한 입 크기로 올려 중약불에서 앞뒤로 구워 완성한다.

잡내 없이 고소하고 깊은 풍미
오리 양배추 부추 솥밥

사실 저는 오리고기를 즐겨 먹지 않아 아이에게 해준 적이 없었어요. 그런데 어느 날, 인친님이 '아이에게 오리 솥밥을 해주고 싶은데, 비비안 님 레시피라면 믿을 수 있을 것 같아요'라고 요청했어요. 그때 아차 싶었죠. 내가 좋아하지 않는다고 해서 아이에게 기회를 주지 않았다는 것이 후회되더라고요. 여러 번의 테스트를 거쳐 레시피가 완성되었고, 저도 아이도 맛있게 먹었어요. 이 솥밥으로 저도 오리 편식이 사라졌답니다. 마늘의 감칠맛이 오리고기와 조화를 이루고, 오리고기의 잡내와 강한 향을 우엉과 마늘이 잡아줘 고소하고 깊은 풍미가 배가돼요.

오리고기의 불포화지방산은 뇌 발달을 돕고 우엉의 칼슘이 심혈관 건강과 뼈 발달을 도와 아이의 성장과 면역 기능 유지에 도움을 줍니다.

재료

쌀 250g
채수 280ml
오리 다리 살 300g
양배추 150g
우엉 100g
양파 100g
부추 50g
대파 15g
다진 마늘 2T
올리브 오일 1T

- 오리고기는 부드러워 씹기 좋은 다리살을 추천해요. 오리 고기 양은 취향에 따라 조절해도 됩니다. 최대 500g까지 넣으면 느끼하지 않고 맛있어요.
- 어른용 특급 양념장(참소스 5T, 다진 청양고추 1t, 다진 마늘 1t)을 만들어 비벼 드세요.
- 우엉의 아린 맛은 따로 제거하지 않아도 솥에서 익는 동안 자연스럽게 빠집니다.

1 쌀은 깨끗이 씻어 물기를 빼고 30분간 불린다. 양배추는 채 썰고 우엉, 부추, 양파, 대파는 잘게 다진다.

2 팬에 양파, 대파, 다진 마늘, 오리고기를 넣고 익을 때까지 약불에서 충분히 볶는다.

3 솥에 올리브 오일, 양배추를 넣어 약불에서 살짝 볶은 후 덜어낸다.

4 솥에 불린 쌀, 우엉, 채수를 넣은 후 뚜껑을 연 채 중불에서 끓기 시작하면 바닥까지 저어준다.

5 볶은 양배추, 오리고기를 넣고 뚜껑을 닫은 다음 약불에서 15분간 끓인 후 불을 끄고 부추를 넣어 10분간 뜸 들인다.

영양 가득 입맛 살리는 달콤한 한끼
오리 단호박 솥밥

사실 오리 하면 단호박을 빼놓을 수 없죠. 그래서 이번에는 달콤한 단호박을 넣어 만들어보았어요. 단호박의 달콤한 맛이 오리고기 특유의 잡내를 부드럽게 감싸주고, 고소한 풍미를 살려 밥태기 아이의 입맛을 살려줍니다. 특별한 날 온 가족이 함께 즐길 수 있는 영양식으로도 추천할게요.

 오리의 고단백 저지방은 아이의 근육 발달과 성장에 필요한 아미노산을 제공하고, 불포화지방산은 뇌 발달과 심혈관 건강을 도와줘요. 단호박은 비타민 A·C가 풍부해 면역 기능 유지와 피부 건강에 도움을 줍니다.

재료

쌀 200g
채수 230ml
오리 다리 살 300g
단호박 150g
양파 100g
대파 15g
다진 마늘 2T

- 오리고기는 부드러워 씹기 좋은 다리살을 추천해요. 오리 고기 양은 취향에 따라 조절해도 됩니다. 최대 500g까지 넣으면 느끼하지 않고 맛있어요.
- 단호박은 베이킹 소다로 골고루 문질러 닦은 후 씻어서 전자레인지에 3~4분간 돌리면 껍질이 잘 벗겨집니다. 아이가 식감에 예민하다면 벗겨도 좋아요.
- 어른용 특급 양념장(참소스 5T, 다진 청양고추 1t, 다진 마늘 1t)을 만들어 비벼 드세요.
- 오리 고기 양은 취향에 따라 조절해도 됩니다. 최대 500g까지 넣으면 느끼하지 않고 맛있어요.
- 우엉, 버섯, 당근 등 자투리 채소를 넣어도 좋아요.

1 쌀은 깨끗이 씻어 물기를 빼고 30분간 불린다. 양파, 대파는 잘게 다진다.

2 단호박은 통으로 3~4분 전자레인지에 돌린 후 씨를 빼고 작게 깍둑 썬다.

3 팬에 오리고기, 다진 마늘, 양파, 대파를 넣고 약불에서 익을 때까지 충분히 볶는다.

4 솥에 불린 쌀과 채수를 넣은 후 뚜껑을 연 채 중불에서 끓기 시작하면 바닥까지 저어준다.

5 단호박을 넣고 뚜껑을 닫고 약불에서 15분간 끓인다.

6 불을 끄고 볶은 오리고기를 넣은 후 10분간 뜸 들인다.

PART 3

생선 & 해산물 편식하는 아이도 잘 먹는 솥밥 레시피

생선 냄새가 나면 식탁에 앉기도 전에 도망치는 아이가 생선을 먹을 수 있을까요? 생선은 성장에 꼭 필요한 식재료지만, 아이 입장에선 비린내, 낯선 식감, 잔가시의 불편함 때문에 멀어지기 쉬워요. 특히 부모 입장에서 뼈가 많은 생선은 먹일 때도, 요리할 때도 조심스럽고 부담스러울 수밖에 없죠. 그래서 생선을 식탁에 올리는 일이 생각보다 쉽지 않더라고요. 그럴 때 솥밥은 정말 좋은 해결책이 되어준답니다. 생선살이나 해산물을 잘게 다져 다른 재료들과 함께 조리하면 비린내보다 먼저 밥의 고소하고 따뜻한 향이 퍼지고, 재료들의 식감도 부드러워져 아이가 부담 없이 받아들이게 돼요. 따뜻한 솥밥 한 그릇을 통해 아이가 바다의 맛을 조금씩 친숙하게 느낄 수 있도록 도와주세요.

감자의 부드러운 식감으로 생선 편식 종결
가자미 감자 솥밥

엄마가 되기 전, 아이들이 생선을 싫어할 것이라고는 상상도 하지 못했어요. 외갓집이 완도인 저에게 생선은 가장 좋아하는 반찬이었기 때문이에요. 기름을 많이 둘러서 튀기듯 구운 생선의 고소함을 좋아했죠. 하지만 유아식은 기름을 최소한으로 사용하고, 굽는 것보다 찌거나 데치는 방식으로 요리해야 해서 어려운 숙제였어요. 그래서 비릿함과 식감을 잡기 위해 자주 사용하던 감자를 생선 솥밥에 넣었더니, 감자의 부드럽고 달콤한 풍미가 생선의 비린 맛을 부드럽게 만들어줬어요. 생선 싫어하는 아이들도 한 그릇 뚝딱하는 영양 만점 레시피입니다.

 가자미는 단백질과 오메가3 지방산이 풍부해 뇌 발달과 눈 건강에 도움을 줍니다. 감자는 비타민 C와 섬유질이 많아 면역 기능 유지와 소화 건강을 도와요.

재료

쌀 200g
해물 육수 230ml
가자미 필레(순살) 120g
감자 120g
부추 약간
다진 마늘 1T
기 버터 1T
올리브 오일 1T

 TIP
- 양파, 버섯 등 자투리 채소를 넣어도 좋아요.
- 아이가 색감에 예민하다면 부추는 생략해도 됩니다.
- 생선 솥밥은 냉동 보관을 추천하지 않아요. 냉장 보관 시에도 다음 날까지 먹길 권장합니다.
- 해물 육수가 감칠맛이 더 좋지만 채수 또는 다시 물로 대체 가능해요.
- 간 깨, 참기름을 넣어 주먹밥으로 만들어도 좋습니다.

1 쌀은 깨끗이 씻어 물기를 빼고 30분 이상 불린다. 감자는 작게 깍둑 썰고 부추는 잘게 썬다.

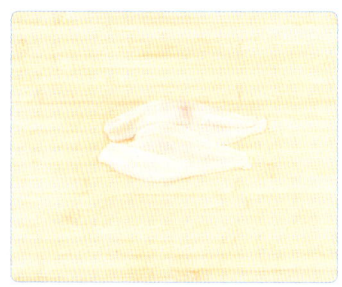

2 가자미 필레는 해동한 후 키친타월로 물기를 닦는다.

★ 물기를 꼼꼼하게 제거해야 비린 맛이 나지 않아요.

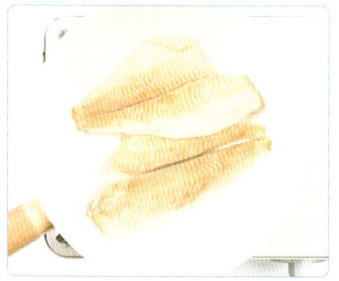

3 팬에 올리브 오일을 두르고 가자미를 중약불에서 노릇하게 익힌다.

★ 뚜껑을 닫고 찌듯이 구우면 속까지 촉촉하게 구울 수 있어요.

4 솥에 기 버터, 다진 마늘을 넣고 약불에서 볶는다. 향이 올라오면 불린 쌀, 감자, 해물 육수를 넣고 뚜껑을 연 채 중불에서 끓기 시작하면 바닥까지 저어준다.

5 뚜껑을 닫고 약불에서 15분간 끓인 후 불을 끄고 구운 가자미, 부추를 넣어 10분간 뜸 들인다.

고등어의 비릿함을 잡아주는 곤드레의 구수한 향
고등어 곤드레 감자 솥밥

고등어는 생선 중에서도 특히 비린 맛이 강해, 편식하는 아이들이 많아요. 온 집 안에 퍼지는 특유의 비릿함 때문에 조리하기 꺼려지는 식재료 중 하나죠. 그러다 보니 아이에게도 따로 해준 적이 없더라고요. 그래서 어떻게 요리할지 고민하던 중, 어릴 적 엄마가 자주 해주셨던 곤드레 고등어 감자 조림이 떠올랐어요. 곤드레의 은은하고 구수한 향이 고등어와 너무 잘 어울려, 온 가족이 맛있게 먹곤 했거든요. 그 맛을 그대로 솥밥으로 재구성해보았더니, 곤드레의 구수한 향과 감자의 부드러운 식감이 고등어의 비릿함을 잡아주어 주혁이도 너무 잘 먹었고, SNS에서도 많은 사람들에게 사랑받았죠.

 고등어의 단백질과 오메가3 지방산은 아이들의 뇌 발달과 건강을 도우며, 특히 성장기 아이들에게 반드시 필요한 영양소를 제공합니다. 곤드레는 섬유질과 항산화 성분이 풍부해 세포 건강에 도움을 줍니다.

재료

쌀 200g
해물 육수 230ml
고등어 필레(순살) 120g
감자 120g
곤드레 100g
갈색 팽이버섯 50g
양파 80g
다진 마늘 1T
올리브 오일 2T

 TIP

- 곤드레는 삶은 것 또는 동결 건조 제품을 추천합니다.
- 건곤드레 사용 시 10g 정도를 3~4시간 물에 푹 담가 불린 후 찬물에 헹구고, 냄비에 물 1L를 넣어 뚜껑을 덮은 후 30분 푹 삶은 다음 불을 끄고 30분간 둡니다. 줄기 쪽을 눌러 부드럽게 눌러지면 건져내 찬물로 헹구고 물기를 제거해주세요. 덜 부드럽다면 뚜껑을 덮은 채 30분 더 불려주세요.
- 당근, 애호박 등 자투리 채소를 넣고 뜸 들일 때 부추를 넣어도 좋아요.
- 생선 솥밥은 냉동 보관을 추천하지 않아요. 냉장 보관 시에도 다음 날까지 먹길 권장합니다.
- 간 깨, 참기름을 넣어 주먹밥으로 만들어도 좋습니다.
- 해물 육수가 감칠맛이 더 좋지만 채수 또는 다시 물로 대체 가능해요.

1 쌀은 깨끗이 씻어 물기를 빼고 30분 이상 불린다. 감자는 작게 깍둑 썰고 갈색 팽이버섯, 곤드레는 잘게 썰고 양파는 잘게 다진다.

2 고등어 필레는 해동한 후 키친타월로 물기를 닦는다.

★ 물기를 꼼꼼하게 제거해야 비린 맛이 나지 않아요.

3 팬에 올리브 오일 1T을 두르고 고등어를 중약불에서 노릇하게 익힌다.

★ 뚜껑을 닫고 찌듯이 구우면 속까지 촉촉하게 구울 수 있어요.

4 솥에 올리브 오일 1T, 양파, 다진 마늘을 넣고 약불에서 볶다 향이 올라오면 불린 쌀, 갈색 팽이버섯, 곤드레, 감자, 해물 육수를 넣고 뚜껑을 연 채 중불에서 끓기 시작하면 바닥까지 저어준다.

5 뚜껑을 닫고 약불에서 15분간 끓인 후 불을 끄고 구운 고등어를 넣고 10분간 뜸 들인다.

밥태기 아이 입맛 살리는 완벽한 조합
삼치 우엉 솥밥

삼치는 고등어보다 부드럽고 담백한 맛이 특징이에요. 기름이 적어 비린내가 덜하고, 그만큼 아이들이 먹기에 부담이 적죠. 특히 삼치와 우엉은 맛과 영양 면에서 궁합이 매우 잘 맞습니다. 삼치의 부드러운 맛과 우엉의 고소하고 담백한 풍미가 감칠맛을 더해주어 아이들이 밥태기를 극복할 수 있게 도와주죠.

 삼치는 주로 단백질과 지방을 공급하고, 우엉은 섬유질과 미네랄을 보충해 소화와 장 건강을 지키는 데 도움을 줍니다. 또 비타민 C와 오메가3 지방산이 아이들의 성장과 면역 기능 유지에 도움을 줍니다.

재료

쌀 250g
해물 육수 280ml
삼치 필레(순살) 120g
우엉 100g
양파 80g
대파 15g
다진 마늘 1T
올리브 오일 2T

TIP

- 우엉은 아린 맛을 제거하지 않아도 솥에서 익는 동안 자연스럽게 빠져요.
- 당근, 버섯, 애호박 등 자투리 채소를 함께 넣어도 좋아요.
- 생선 솥밥은 냉동 보관을 추천하지 않아요. 냉장 보관 시에도 다음 날까지 먹길 권장합니다.
- 간 깨, 참기름을 넣어 주먹밥으로 만들어도 좋습니다.
- 해물 육수가 감칠맛이 더 좋지만 채수 또는 다시 물로 대체 가능해요.

1 쌀은 깨끗이 씻어 물기를 빼고 30분 이상 불린다. 우엉은 껍질을 벗겨 다지고 양파, 대파도 잘게 다진다.

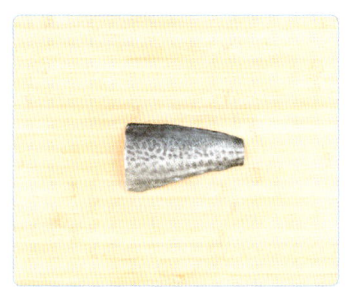

2 삼치 필레는 해동한 후 키친타월로 물기를 닦는다.

★ 물기를 꼼꼼하게 제거해야 비린 맛이 나지 않아요.

3 팬에 올리브 오일 1T을 두르고 삼치를 중약불에서 노릇하게 익힌다.

★ 뚜껑을 닫고 찌듯이 구우면 속까지 촉촉하게 구울 수 있어요.

4 솥에 올리브 오일 1T, 양파, 대파, 다진 마늘을 넣고 약불에서 볶는다. 향이 올라오면 불린 쌀, 우엉, 해물 육수를 넣고 뚜껑을 연 채 중불에서 끓기 시작하면 바닥까지 저어준다.

5 뚜껑을 닫고 약불에서 15분간 끓인 후 불을 끄고 구운 삼치를 넣은 다음 10분간 뜸 들인다.

맛과 영양 모두 만족시키는 레시피
연어 양파 솥밥

신혼 시절 집들이 메뉴로 미나리 연어 솥밥을 큰맘 먹고 해봤는데, 반응이 정말 뜨거웠어요. 그래서 주혁이에게도 만들어 줬더니, 미나리와 연어 둘 다 낯선 재료라 아예 안 먹더라고요. 다시 연어와 양파만 넣고 지었더니, 주혁이가 한 그릇 뚝딱 해치워버렸어요. 연어는 고소한 맛이 일품이지만 느끼할 수 있어, 특히 아이들이 거부감을 보이곤 해요. 이럴 때 레몬즙을 활용하면 비린 맛과 느끼함을 잡아주고, 양파는 솥에서 천천히 쌀과 함께 익는 과정에서 자연스러운 단맛이 나면서 감칠 맛을 더해주는 역할을 합니다.

연어는 단백질, 비타민 B군, 비타민 D, 셀레늄 등 풍부한 영양소를 제공해 아이들의 근육 발달, 뼈 건강에 아주 좋습니다. 특히 셀레늄은 항산화 작용을 통해 세포 건강을 돕고, 아이오딘은 갑상선 기능을 도와 성장에 중요한 역할을 합니다. 또 양파는 소화를 돕고, 항산화 성분이 풍부해 아이들의 면역 기능 유지에도 도움을 주죠.

재료

쌀 250g
해물 육수 280ml
연어 필레(순살) 150g
양파 100g
다진 마늘 1T
레몬즙 1T
올리브 오일 2T

 TIP

- 먹기 전 기 버터를 소량 넣어 비벼주면 더욱 고소하고 맛이 풍부해져요.
- 아이가 잘 먹는다면, 뜸 들이기 전 미나리 소량을 넣어주세요. 미나리도 거부감 없이 섭취할 수 있습니다.
- 버섯, 당근 등 냉장고 자투리 채소를 넣어도 좋아요.
- 간 깨, 참기름을 넣어 주먹밥으로 만들어도 좋습니다.
- 생선 솥밥은 냉동 보관을 추천하지 않아요. 냉장 보관 시에도 다음 날까지 먹길 권장합니다.
- 해물 육수가 감칠맛이 더 좋지만 채수 또는 다시 물로 대체 가능해요.

1 쌀은 깨끗이 씻어 물기를 빼고 30분 이상 불린다. 양파는 잘게 다진다.

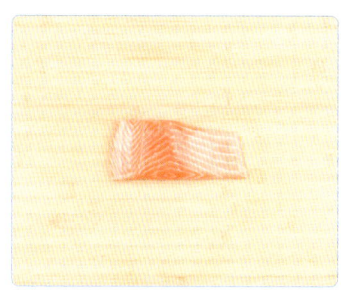

2 연어 필레는 키친타월로 물기를 닦은 후 레몬즙을 뿌려 10분간 재운다.

★ 물기를 꼼꼼하게 제거해야 비린 맛이 나지 않아요.

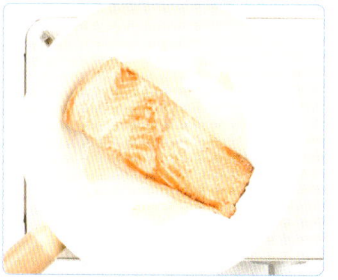

3 팬에 올리브 오일 1T을 두르고 연어를 중약불에서 노릇하게 익힌다.

★ 뚜껑을 닫고 찌듯이 구우면 속까지 촉촉하게 구울 수 있어요.

4 솥에 올리브 오일 1T, 양파, 다진 마늘을 넣고 약불에서 볶는다. 향이 올라오면 불린 쌀, 해물 육수를 넣고 뚜껑을 연 채 중불에서 끓기 시작하면 바닥까지 저어준다.

5 구운 연어를 올리고 뚜껑을 닫고 약불에서 15분간 끓인 다음 불을 끄고 10분간 뜸 들인다.

온 가족 특별한 보양식
금태 솥밥

고급 생선인 금태는 필레를 쉽게 구할 수 있어 요리하기가 더욱 편리해졌습니다. 특히 다른 생선에 비해 비린내가 적고, 살이 부드러우며 고소하기 때문에 생선 싫어하는 아이도 잘 먹을 수 있죠. 또 이렇게 아이 덕분에 온 가족이 집에서 고급 일식집의 맛을 즐길 수 있는 보양식이 완성되네요.

 금태는 고품질 단백질 공급원으로 근육 발달과 조직 회복에 중요한 역할을 하며, 오메가3 지방산이 풍부해 아이들의 뇌 발달, 시력 건강, 심혈관 건강, 면역 기능 유지에 도움이 됩니다. 여기에 비타민 B군까지 함유해 에너지 대사와 신경 기능을 끌어올립니다.

재료

쌀 250g
해물 육수 280ml
금태 필레(순살) 150g
양파 80g
대파 15g
다진 마늘 1T
올리브 오일 2T

- 감자를 잘게 깍둑 썰어 불린 쌀과 함께 넣으면 더 고소하고 식감이 부드러워집니다.
- 표고버섯, 갈색 팽이버섯 등을 넣으면 감칠맛과 씹는 맛이 더 좋아요.
- 참기름, 간 깨를 넣고 비벼주면 맛이 더욱 고소하고 풍부해져요. 주먹밥으로 만들어도 좋습니다.
- 생선 솥밥은 냉동 보관을 추천하지 않아요. 냉장 보관 시에도 다음 날까지 먹길 권장합니다.
- 해물 육수가 감칠맛이 더 좋지만 채수 또는 다시 물로 대체 가능해요.

1 쌀은 깨끗이 씻어 물기를 빼고 30분 이상 불린다. 양파, 대파는 잘게 다진다.

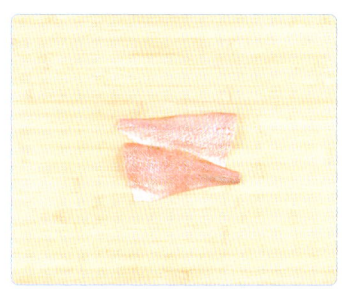

2 금태 필레는 키친타월로 물기를 닦는다.
★ 물기를 꼼꼼하게 제거해야 비린 맛이 나지 않아요.

3 팬에 올리브 오일 1T을 두르고 금태를 중약불에서 노릇하게 익힌다.
★ 뚜껑을 닫고 찌듯이 구우면 속까지 촉촉하게 구울 수 있어요.

4 솥에 올리브 오일 1T, 양파, 대파, 다진 마늘을 넣고 약불에서 볶는다. 향이 올라오면 불린 쌀, 해물 육수를 넣고 뚜껑을 연 채 중불에서 끓기 시작하면 바닥까지 저어준다.

5 구운 금태를 올리고 뚜껑을 닫고 약불에서 15분간 끓인 다음 불을 끄고 10분간 뜸 들인다.

이앓이에도 두 그릇 뚝딱한 완밥 레시피
대구 무 솥밥

대구는 제가 겨울이면 부모님과 함께 대구 축제에 갈 정도로 즐겨 먹는 생선이에요. 그래서 주혁이에게도 처음 준 생선이 대구였어요. 대구를 무, 양파와 함께 삶아주니 정말 잘 먹더라고요. 그래서 솥밥 버전으로도 만들어봤어요. 특히 이앓이 시기에는 잘 먹던 음식도 다 거부해서 속상했는데 대구와 무를 넣고 진밥으로 만드니, 대구 살과 무가 솥에서 부드럽게 으스러지고 담백한 맛과 은은한 감칠맛이 났어요. 덕분에 아이가 두 그릇이나 먹었답니다.

대구에 풍부한 단백질, 비타민 B군, 오메가3 지방산은 성장기 아이들의 근육과 뇌 발달에 중요한 역할을 하며, 비타민 B_{12}와 비타민 D가 풍부해 혈액 생성과 뼈 건강에 도움을 줍니다. 또 저지방으로 칼로리가 낮고 소화가 잘되기 때문에 아이들이 쉽게 먹을 수 있어요. 무는 비타민 C, 섬유질, 칼륨이 풍부해 면역 기능 유지와 소화 건강을 돕고, 대구와 함께 조리하면 담백하고 깔끔한 맛을 내요.

재료

쌀 250g
해물 육수 280ml
대구 필레(순살) 150g
무(초록 부분) 80g
양파 50g
다진 마늘 1T
올리브 오일 2T

 TIP

- 대구는 잔가시가 없어 필레 대신 생대구를 사용해도 좋아요. 토막 내 깨끗이 씻은 후 채수에 양파, 대파, 대구를 넣고 끓인 다음 국물은 한 김 식혀 솥밥에 사용해보세요. 대구 살은 발라서 올려주면 감칠맛과 영양이 풍부해집니다.
- 표고버섯이나 갈색 팽이버섯 등을 넣으면 감칠맛과 씹는 맛이 더해져, 솥밥이 더욱 풍성하고 맛있어집니다.
- 참기름, 간 깨를 넣고 비벼주면 맛이 더욱 고소하고 풍부해져요. 주먹밥으로 만들어도 좋습니다.
- 생선 솥밥은 냉동 보관을 추천하지 않아요. 냉장 보관 시에도 다음 날까지 먹길 권장합니다.
- 무의 흰 부분은 맵고 섬유질이 단단해서 부드럽고 단맛이 강한 초록 부분을 솥밥에 활용하는 걸 추천해요.
- 해물 육수가 감칠맛이 더 좋지만 채수 또는 다시 물로 대체 가능해요.

1 쌀은 깨끗이 씻어 물기를 빼고 30분 이상 불린다. 무는 작게 깍둑 썰고 양파는 잘게 다진다.

2 대구 필레는 키친타월로 물기를 닦는다.
★ 물기를 꼼꼼하게 제거해야 비린 맛이 나지 않아요.

3 팬에 올리브 오일 1T을 두르고 대구를 중약불에서 노릇하게 익힌다.
★ 뚜껑을 닫고 찌듯이 구우면 속까지 촉촉하게 구울 수 있어요.

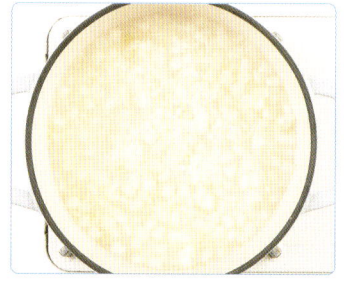

4 솥에 올리브 오일 1T, 양파, 다진 마늘을 넣고 약불에서 볶는다. 향이 올라오면 무, 불린 쌀, 해물 육수를 넣고 뚜껑을 연 채 중불에서 끓기 시작하면 바닥까지 저어준다.

5 구운 대구를 올리고 뚜껑을 닫고 약불에서 15분간 끓인 다음 불을 끄고 10분간 뜸 들인다.

비린 맛 없이 한 그릇 뚝딱하는 SNS 후기 폭발 레시피
전복 내장 솥밥

저희 외갓집이 완도에서 전복 어업을 해서 어린 시절부터 전복 회, 전복 구이, 전복죽을 많이 접했어요. 그래서 전복은 제 소울 푸드이자 자신 있는 요리 중 하나예요. 주혁이에게 처음 전복 구이를 만들어줬더니, 질긴 부분이 있어 잘 먹지 않더라고요. 그래서 잘게 다져 전복죽으로 만들어 줬죠. 그 후 내장까지 넣어 전복 솥밥으로 줬더니, 식감이 부드러워 더욱 잘 먹었어요. 아이에게 바다의 영양을 듬뿍 담은 전복 내장 솥밥을 선물하세요.

전복 내장은 전복 중 영양가가 가장 높은 부분입니다. 특히 타우린과 아연이 풍부해 성장기에 중요한 역할을 하며, 기억력과 학습 기능 유지에 도움을 줍니다. 또 피부와 조직의 회복을 도와, 아이가 상처를 입었을 때 회복 속도를 높이고 면역 기능 유지에 도움을 줍니다.

재료

쌀 250g
다시 물 280ml
전복 6~8마리(내장 포함)
양파 100g
당근 100g
기 버터 2T
다진 마늘 1T

 TIP

- 진밥 또는 죽으로 활용할 때는 다시 물 800ml~1L를 넣고 끓어오르면 바닥까지 저어준 후 뚜껑을 닫고 중불에서 10분, 약불에서 15분간 뚜껑을 열어 저어주며 끓이고, 10분간 뜸 들여주면 완성됩니다(중간에 타지 않게 육수를 추가해 한 번씩 저어주세요).
- 시중에 판매하는 손질된 전복 살만 활용해도 좋지만 내장을 넣어야 더 고소하고 맛있어요.
- 버섯, 애호박 등 자투리 채소를 활용해도 좋아요.

초간단 전복 손질법

1. 전복은 솔로 깨끗이 씻고 끓는 물을 부은 뒤, 껍질 중 얇은 쪽으로 숟가락을 넣어 분리한다.
2. 전복을 뒤집어 가위로 내장을 분리한 후 전복 위쪽 끝에 살짝 칼집 내 빨간 이빨을 제거한다.

1 쌀은 깨끗이 씻어 물기를 빼고 30분 이상 불린다. 양파, 당근은 잘게 다진다.

2 전복은 손질해 살을 먹기 좋게 썰고, 내장은 가로로 잘게 자른다.
★ 장식용 전복은 칼집을 내서 준비합니다. 생략해도 좋아요.

3 솥에 기 버터, 다진 마늘을 넣고 약불에서 볶다 향이 올라오면 전복 살을 넣고 볶다가 덜어낸다.
★ 장식용 전복 살은 따로 볶아주세요.

4 솥에 양파, 당근, 내장을 넣고 중약불에서 볶는다.
★ 꼼꼼하게 볶아야 비린 맛이 나지 않아요. 타지 않게 주의하세요.

5 솥에 불린 쌀, 전복 살을 넣고 약불에서 살짝 볶아준 후 다시 물을 넣고 뚜껑을 연 채 중불에서 끓기 시작하면 바닥까지 저어준다.

6 뚜껑을 닫고 약불에서 15분간 끓인 후 불을 끄고 10분간 뜸 들인다.
★ 장식용 전복 살은 뜸 들일 때 넣어주세요.

풍부한 맛과 영양의 진수
대게 솥밥

사실 전 갑각류를 그 어떤 것보다 좋아해요. 그래서인지 주혁이에게도 자주 주었는데, 어느 순간 맛보지도 않은 꽃게를 가리키면서 "꽃게, 꽃게"라고 어설프게 발음하며 먹고 싶다는 의사 표현을 하더라고요. 덕분에 한바탕 웃음이 터졌죠. 하지만 무염식을 하는 아이에게 먹이기에는 갑각류의 염분이 강해서 걱정이더라고요. 그래서 게살을 소량 넣어 솥밥으로 해주었더니, 볶음밥보다 더 촉촉한 식감에 너무 잘 먹었어요. 특별한 날에도 잘 어울리는 근사한 솥밥이니 추천할게요.

 대게는 저지방 고단백 식품으로 오메가3, 비타민 B군, 아연이 풍부해 면역 기능 유지, 뇌 발달, 피부 건강에 도움을 줍니다.

재료

쌀 250g
해물 육수 280ml
게살 200g
양파 80g
당근 50g
애호박 50g
다진 마늘 1T
기 버터 1T

 TIP
- 홍게, 대게, 꽃게 모두 가능합니다. 직접 살을 발라 만들어도 되고, 대게살 제품을 활용하면 더 편리합니다.
- 12개월 이후 소량으로 알러지 테스트를 한 후 만들어주세요. 아이 개월 수에 따라 게의 염분을 희석하기 위해 뜨거운 물에 3~5분간 담갔다가 물기를 빼서 만들어도 좋아요.
- 해물 육수가 감칠맛이 더 좋지만 채수 또는 다시 물로 대체 가능해요.

1 쌀은 깨끗이 씻어 물기를 빼고 30분 이상 불린다. 양파, 당근, 애호박은 잘게 다진다.

2 솥에 기 버터, 양파, 다진 마늘을 넣고 약불에서 볶다 향이 올라오면 당근, 애호박을 넣고 살짝 볶는다.

3 솥에 불린 쌀, 해물 육수를 넣고 뚜껑을 연 채 중불에서 끓기 시작하면 바닥까지 저어준다.

4 게살을 올리고 뚜껑을 닫고 약불에서 15분간 끓인 다음 불을 끄고 10분간 뜸 들인다.

자연의 감칠맛이 풍부한 영양 만점 한끼
문어 톳 솥밥

문어는 잘못 삶으면 질기고, 손질하기 까다로워 특별한 날 아니면 집에서 해 먹지 않았어요. 그렇지만 귀찮다고 아이에게 안 줄 수는 없기에, 문어 조리법을 공부하다 자숙 문어를 활용해 솥밥을 지어보았죠. 자숙 문어는 조리되어 있어 손질하기 쉽고, 문어의 풍미와 영양을 그대로 살릴 수 있죠. 솥에서 문어가 쌀과 함께 부드럽게 익어 특유의 질기고 미끈거리는 식감을 싫어하는 아이들도 잘 먹습니다. 감칠맛 가득한 톳까지 넣어 맛은 물론 영양도 완벽한 솥밥이에요.

 톳은 비타민 A와 미네랄이 풍부해 아이들의 성장과 면역 기능 유지에 도움을 줍니다. 문어는 단백질, 오메가3, 철분, 아연이 풍부해 건강한 보양식 재료가 되어줍니다.

재료

쌀 250g
해물 육수 280ml
자숙 문어 180g
양파 80g
당근 80g
밥 톳 1T
다진 마늘 1T
기 버터 1T

 TIP

- 해물 육수가 감칠맛이 더 좋지만 채수 또는 다시 물로 대체 가능해요.
- 생문어를 활용해도 좋아요. 아이가 톳 향에 익숙하지 않다면 티스푼으로 소량 넣어주세요.

생문어 손질 및 삶는 법

1 문어 머리를 뒤집어 내장을 제거하고 눈과 입을 가위로 제거한다.
2 밀가루와 소금으로 문어를 문질러 표면의 점액질과 이물질을 제거한 후, 깨끗한 물로 여러 번 헹군다.
3 큰 냄비에 문어가 잠길 정도로 물을 붓고, 무 1토막을 넣는다
★ 무는 문어를 연하게 하고 잡내를 제거해줍니다.
4 물이 끓으면 손질한 문어를 넣고 20분간 삶은 후 식혀서 자른다.
★ 문어 삶은 물은 식혀서 솥밥 국물로 사용해도 좋아요.

1 쌀은 깨끗이 씻어 물기를 빼고 30분 이상 불린다. 양파, 당근은 잘게 다진다.

2 자숙 문어는 끓는 물에 5분간 데쳐 먹기 좋게 썬다.

3 솥에 기 버터, 양파, 다진 마늘을 넣고 약불에서 볶다 향이 올라오면 당근, 불린 쌀을 넣고 살짝 볶는다.

4 솥에 해물 육수, 밥 톳을 넣고 뚜껑을 연 채 중불에서 끓기 시작하면 바닥까지 저어준다.

5 데친 문어를 올리고 뚜껑을 닫은 후 약불에서 15분간 끓인 다음 불을 끄고 10분간 뜸 들인다.

맛과 영양 모두 갖춘 초간단 별미
오징어 토마토 솥밥

오징어는 무침, 볶음, 국 등 어디에 넣어도 맛있는 해산물이에요. 저도 아주 좋아하는 재료지만 손질하기 번거로워 자주 해 먹지 않았는데, 껍질까지 손질된 오징어를 발견했어요. 이탤리언 레스토랑에서 먹었던 해물 파에야를 떠올리고 토마토를 더해, 황금 조합의 솥밥을 만들었죠. 토마토 특유의 달콤하고 신선한 맛이 오징어의 감칠맛과 어우러져, 밥에 자연스러운 풍미와 단맛을 더해줍니다.

 오징어는 타우린이 풍부한 고단백 저지방 식품으로, 성장기 아이에게 꼭 필요한 단백질을 듬뿍 공급해주고, 오메가3 지방산과 아연도 풍부해 면역 기능 유지에 도움이 됩니다. 토마토는 비타민 C와 라이코펜이 풍부한 채소로, 면역 기능 유지와 혈관 건강에 도움을 주며, 세포 보호와 항산화 작용을 돕죠.

재료

쌀 250g
채수 280ml
토마토 1개
손질 오징어 몸통 150g
양파 100g
다진 마늘 1T
기 버터 1T

- 마트에서 먹물, 내장 등을 손질한 오징어를 구입하면 더욱 편해요.
- 손질되지 않은 오징어를 사용한다면 껍질은 질기고 소화에 부담을 줄 수 있으니, 모두 벗기세요. 냉동 오징어를 사용한다면 끓는 물에 식초 1t을 넣고 1분 이내로 짧게 데친 후 한 김 식혀 썰어주세요.
- 토마토는 방울토마토 10개 또는 토마토 퓌레 100ml로 대체해도 됩니다. 토마토 수분에 따라 물 양을 가감하세요.

1 쌀은 깨끗이 씻어 물기를 빼고 30분간 불린다. 토마토는 갈고 양파는 잘게 다진다.

★ 퓌레 정도의 질감으로 갈아요.

2 오징어는 껍질을 제거하고 먹기 좋게 썬다.

3 솥에 기 버터, 다진 마늘을 넣고 약불에서 볶다 향이 올라오면 오징어를 넣고 살짝 볶은 다음 덜어낸다.

4 솥에 양파, 토마토를 넣어 약불에서 살짝 끓인 후 불린 쌀, 채수를 넣고 뚜껑을 연 채 중불에서 끓기 시작하면 바닥까지 저어준다.

5 볶은 오징어를 넣고 뚜껑을 닫은 후 약불에서 15분간 끓인 다음 불을 끄고 10분간 뜸 들인다.

'냉털' 재료로 아이와 근사한 한 끼

오징어 갈색 팽이버섯 솥밥

버섯은 영양이 풍부하고 가격도 착해서 자주 사두지만, 채소칸 한구석에 어중간하게 남아 있는 경우가 많아요. 그래서 냉동실에 넣어둔 오징어를 더해 솥밥을 지었죠. 오징어의 고소한 풍미와 버섯의 깊은 감칠맛, 다양한 식감이 어우러져, 밥태기 아이도 맛있게 먹을 수 있었어요. 온 가족이 맛있게 즐길 수 있는 솥밥으로 추천합니다.

오징어의 풍부한 타우린과 버섯의 비타민 D, 식이 섬유가 만나 아이들의 면역 기능 유지, 소화 건강을 돕는 완벽한 솥밥 레시피입니다.

재료

쌀 250g
해물 육수 280ml
손질 오징어 몸통 150g
갈색 팽이버섯 100g
양파 80g
다진 마늘 1T
올리브 오일 1T

- 마트에서 먹물, 내장 등을 손질한 오징어를 구입하면 더욱 편해요. 손질되지 않은 오징어를 사용한다면 껍질은 질기고 소화에 부담을 줄 수 있으니 모두 벗기세요. 냉동 오징어를 사용한다면 끓는 물에 식초 1t을 넣고 1분 이내로 짧게 데친 후 한 김 식혀 썰어주세요.
- 갈색 팽이버섯을 활용하면 식감과 감칠맛이 좋아요. 다른 버섯으로 대체 가능하며 양송이버섯은 껍질을 한 겹 벗기고 넣어주세요.
- 올리브 오일 대신 기 버터를 넣어도 좋습니다.
- 당근, 애호박 등 자투리 채소를 활용해도 좋아요.
- 해물 육수가 감칠맛이 더 좋지만 채수 또는 다시 물로 대체 가능해요.

1 쌀은 깨끗이 씻어 물기를 빼고 30분간 불린다. 갈색 팽이버섯은 먹기 좋은 크기로 썰고 양파는 잘게 다진다.

2 오징어는 껍질을 제거하고 먹기 좋게 썬다.

3 솥에 올리브 오일, 다진 마늘을 넣고 약불에서 볶다 향이 올라오면 오징어를 넣고 살짝 볶은 후 덜어낸다.

4 솥에 갈색 팽이버섯, 양파, 불린 쌀, 해물 육수를 넣고 뚜껑을 연 채 중불에서 끓기 시작하면 바닥까지 저어준다.

5 볶은 오징어를 넣고 뚜껑을 닫고 약불에서 15분간 끓인 다음 불을 끄고 10분간 뜸 들인다.

미역 편식을 해결하는 100만 뷰 레시피
미역 무 표고버섯 솥밥

미역은 모든 집에 항상 구비되어 있을 정도로 흔한 식재료인데, 국으로 활용하는 경우가 많아요. 저도 처음에 주혁이에게 미역국을 줬더니, 촉감 놀이하느라 버리는 게 90%더라고요. 치우기가 너무 힘들어 한동안 미역 요리를 안 해주었는데, 며칠 아파서 장도 못 보고 아이에게 해줄 게 없어 미역과 무를 넣고 솥밥을 해줬더니 너무 잘 먹었어요. 미역과 무를 함께 넣고 솥밥을 지으면 감칠맛과 단맛이 밥에 스며들어 부드럽고 담백한 맛 덕분에 편식 없이 잘 먹는 영양 만점 한 끼가 완성됩니다.

 미역은 성장기 아이들에게 꼭 필요한 영양소가 풍부한 식재료예요. 칼슘이 풍부해 아이의 뼈와 치아를 튼튼하게 해주고, 요오드는 갑상선 기능과 뇌 발달을 돕는 데 중요한 역할을 합니다. 버섯의 비타민 D는 미역의 칼슘 흡수에 도움을 주고, 무는 버섯과 미역의 소화를 촉진하죠.

재료

쌀 250g
채수 280ml
건미역 10g
무 150g
표고버섯 3개
양파 80g
다진 마늘 1T
올리브 오일 1T

 TIP

- 해물 육수가 감칠맛이 더 좋지만 채수 또는 다시 물로 대체 가능해요.
- 먹기 전 간 깨, 들기름 넣으면 맛과 영양이 더 풍부해집니다.
- 다진 소고기를 볶아서 뜸 들일 때 넣으면 철분과 단백질까지 챙길 수 있습니다.
- 무의 흰 부분은 맵고 단단해서 부드럽고 단맛이 강한 초록 부분을 솥밥에 활용하는 걸 추천해요.
- 건표고버섯을 사용한다면 뜨거운 물 500ml에 다시마 1장, 건표고버섯 1줌을 넣어 30분 이상 우려낸 후 솥밥에 사용하세요. 불린 표고버섯은 잘게 썰어 솥밥에 넣으면 감칠맛과 풍미를 더욱 높일 수 있습니다.

1 쌀은 깨끗이 씻어 물기를 빼고 30분간 불린다. 무와 표고버섯, 양파는 잘게 다진다.

2 미역은 물에 30분간 불려 3~4번 바락바락 씻은 후 물기를 빼서 잘게 썬다.
★ 여러 번 바락바락 씻으면 비린 맛이 사라져요.

3 솥에 올리브 오일, 양파, 다진 마늘을 넣은 후 약불에서 볶다가 향이 올라오면 미역을 넣어 살짝 볶는다.

4 솥에 불린 쌀, 무, 표고버섯, 채수를 넣고 뚜껑을 연 채 중불에서 끓기 시작하면 바닥까지 저어준다.

5 뚜껑을 닫고 약불에서 15분간 끓인 후 불을 끄고 10분간 뜸 들인다.

바다의 기운을 가득 담은 진짜 보양식 한 그릇!
미역 전복 솥밥

아이를 키우다 보면 한 번쯤은 제대로 된 보양식 한 끼 차려주고 싶다는 생각을 하게 되죠. 저는 그럴 때마다 전복 미역 솥밥을 떠올려요. 어릴 적, 가족이 아프면 엄마가 꼭 해주셨던 음식이 미역국이었어요. 그 따뜻한 마음을 담아 전복과 미역을 넣고 솥밥으로 지었더니 고소하고 녹진한 전복 내장과 미역의 감칠맛이 쌀알 하나하나에 깊이 스며들어 정말 맛있더라고요. 덕분에 비린내 없이 깔끔하면서도 진한 감칠맛이 살아나고, 전복의 고소함과 미역의 부드러운 풍미가 어우러져 정말 맛있는 온 가족 보양식이 완성됩니다.

전복은 고단백 저지방 해산물로, 타우린과 비타민 B_{12}가 풍부해 아이의 피로 해소, 뇌 발달, 면역 기능 유지에 도움을 줍니다. 미역은 칼슘, 요오드, 식이 섬유가 가득해 뼈 건강과 소화, 갑상선 건강에 도움을 주죠.

재료

쌀 250g
다시 물 280ml
전복 6~8마리(내장 포함)
건미역 10g
양파 100g
다진 마늘 1T
올리브 오일 1T

 TIP

- 해물 육수가 감칠맛이 더 좋지만 채수 또는 다시 물로 대체 가능해요.
- 시중에 판매하는 손질된 전복 살만 활용해도 좋지만 내장을 넣어야 더 고소하고 맛있어요.
- 남은 솥밥은 물을 더 넣고 끓여 죽으로 먹어도 좋아요.
- 먹기 전 간 깨, 참기름을 넣어 비벼 먹어도 좋아요.

초간단 전복 손질법

1. 전복은 솔로 깨끗이 씻고 끓는 물을 부어 껍질이 얇은 쪽으로 숟가락을 넣어 분리한다.
2. 전복을 뒤집어 가위로 내장을 잘라낸 후 위쪽 끝에 칼집을 살짝 내 빨간 이빨을 제거한다.

1 쌀은 깨끗이 씻어 물기를 빼고 30분 이상 불린다. 양파는 잘게 다지고 미역은 물에 불린 후 2~3회 바락바락 씻어 물기를 뺀 다음 잘게 썬다.

★ 여러 번 바락바락 씻으면 비린 맛이 사라져요.

2 전복은 손질해 살을 먹기 좋게 썰고, 내장은 가위로 잘게 자른다.

★ 장식용 전복은 칼집을 내서 준비합니다. 생략해도 좋아요.

3 솥에 올리브 오일, 다진 마늘, 양파를 넣고 약불에서 볶다가 향이 올라오면 전복 살을 넣고 볶다가 덜어낸다.

★ 장식용 전복 살은 따로 볶아주세요.

4 솥에 미역을 넣고 중약불에서 볶다가 내장을 넣어 볶는다.

★ 꼼꼼하게 볶아야 비린 맛이 나지 않아요. 타지 않게 주의하세요.

5 솥에 불린 쌀, 전복 살을 넣고 약불에서 쌀과 함께 살짝 볶은 후, 다시 물을 넣고 뚜껑을 연 채 중간 불에서 끓이다가 끓기 시작하면 바닥까지 저어준다.

6 뚜껑을 닫고 약불에서 15분간 끓이다 불을 끄고 10분간 뜸 들인다.

★ 먹기 전 장식용 전복을 올리세요.

밥태기 아이 입맛 살리고 황태 대란까지 일으켰던 레시피
황태 무 갈색 팽이버섯 솥밥

한겨울 추위에 덜덜 떨며 집에 오면 엄마가 끓여준 따뜻하고 뽀얀 황태국에 몸과 마음이 사르르 풀렸던 기억이 있습니다. 아이에게도 그 따뜻함을 선물하고 싶다는 생각에 만들어줬지만, 거칠고 퍼석한 황태의 식감에 잘 씹지 못하고 뱉어내더라고요. 고민 끝에 황태 가루를 솥밥에 넣었더니, 너무 잘 먹었어요. 이 레시피를 SNS에 공유했더니, 황태 가루 품절 사태까지 일어날 정도로 인기 폭발 레시피가 되었습니다. 황태와 무가 만나 부드럽고 고소한 풍미 가득한 솥밥을 완성해요. 식감과 색감에 예민한 아이들도 한 공기 뚝딱하는 영양 만점 한 그릇입니다.

 황태는 단백질이 풍부하고 지방이 적으며 오메가3 지방산이 들어 있어 아이들의 뇌 발달과 면역 기능 유지에 도움을 줍니다. 무는 식이 섬유와 비타민 C가 풍부해 소화 건강과 면역 기능 유지에 도움을 줍니다. 갈색 팽이버섯에는 식이 섬유와 항산화 성분이 들어 있어 체내 산화 스트레스를 줄이고 면역 기능을 유지하는 데 도움을 줍니다.

재료

쌀 250g
해물 육수 280ml
무 100g
양파 80g
갈색 팽이버섯 80g
황태 가루 2T
다진 마늘 1T
올리브 오일 1T

 TIP

- 황태채 사용 시 초퍼로 충분히 갈아 사용하세요.
- 아이가 식감에 예민하지 않다면 황태채를 물에 5분간 불렸다가 키친타월로 물기를 닦은 후 불린 쌀과 같이 볶아 밥을 지어도 좋습니다.
- 무 대신 감자로 대체해도 좋아요.
- 먹기 전 간 깨, 들기름 넣어 비벼 먹어도 좋아요.
- 해물 육수가 감칠맛이 더 좋지만 채수 또는 다시 물로 대체 가능해요.

1 쌀은 깨끗이 씻어 물기를 빼고 30분간 불린다. 무는 깍둑 썰고 갈색 팽이버섯은 먹기 좋은 크기로 썰고 양파는 잘게 다진다.

2 솥에 올리브 오일, 양파, 다진 마늘을 넣고 약불에서 볶는다. 향이 올라오면 무, 불린 쌀, 황태 가루, 갈색 팽이버섯, 해물 육수를 넣고 중불에서 끓기 시작하면 바닥까지 저어준다.

3 뚜껑을 닫고 약불에서 15분간 끓인 후 불을 끄고 10분간 뜸 들인다.

간단한 조리법으로 영양 가득 채우는 솥밥
멸치 감자 솥밥

멸치는 달콤한 알룰로스, 매실액 등을 함께 넣고 볶으면 씹는 식감이 살아 있고 감칠맛이 좋은 반찬이 됩니다. 하지만 무염식을 하는 아이에게는 양념 없이 채수만 넣어 볶아주니, 식으면 식감이 금방 물렁해지고 질겨져 잘 먹지 않더라고요. 고민 끝에 아이가 좋아하는 감자를 활용해 멸치를 마른 팬에 살짝 볶아 솥밥으로 만들었더니, 별다른 조리 없이도 감자의 부드러운 식감과 멸치의 짭조름한 맛이 잘 어우러져 밥 한 톨도 남김 없이 싹싹 비웠습니다. 특히 멸치의 감칠맛이 밥알 하나하나 스며들어 깊은 감칠맛과 고소함이 일품이죠.

 멸치는 단백질, 칼슘, 오메가3 지방산이 풍부해 아이들의 뇌 발달과 면역 기능 유지, 뼈 건강에 도움을 줍니다. 감자는 비타민 C와 식이 섬유가 풍부해 소화 건강과 면역 기능 유지에 도움을 주죠.

재료

쌀 250g
다시 물 280ml
멸치 30g
감자 120g
양파 80g
올리브 오일 1T
다진 마늘 1T

 TIP
- 저염 아기 멸치를 사용하면 좋아요.
- 감자 대신 제철 고구마(가을~겨울), 단호박(여름)을 활용하면 더욱 달콤한 맛으로 밥태기 아이 입맛을 사로잡을 수 있습니다.

1 쌀은 깨끗이 씻어 물기를 빼고 30분간 불린다. 감자는 작게 깍둑 썰고 양파는 잘게 다진다.

2 멸치는 채반에 담아 물로 한번 헹군 후 물기를 빼고 마른 팬에 약불로 살짝 볶는다.

★ 멸치를 헹구면 불순물을 제거할 수 있고 촉촉해져 아이가 먹기 좋아요.

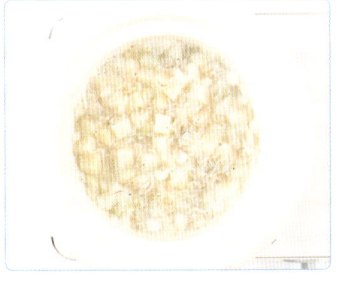

3 솥에 올리브 오일, 양파, 다진 마늘을 넣고 약불에서 볶다 향이 올라오면 감자, 볶은 멸치, 불린 쌀, 다시 물을 넣고 뚜껑을 연 채 중불로 끓인다.

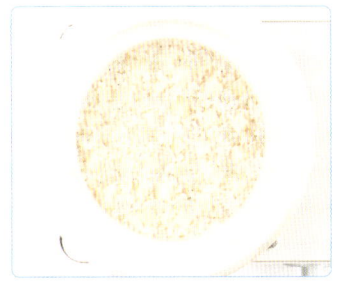

4 끓기 시작하면 바닥까지 저어준 후 뚜껑을 닫고 약불에서 15분간 끓인 다음 불을 끄고 10분간 뜸 들인다.

아이는 물론 남편 편식까지 한 방에 해결한 레시피
매생이 새우 솥밥

겨울에 매생잇국을 해주면 남편은 머리카락 같아서 못 먹겠다며 거부해서 속상하더라고요. 뭐든 같이 먹어야 두 배로 맛있는 법인데, 어떻게 하면 편식을 극복할 수 있을지 고민하던 중 떠오른 레시피가 매생이 새우 솥밥이었어요. 새우의 고소한 풍미와 감칠맛이 매생이와 잘 어울려, 영양도 풍부하고 맛도 좋아 남편까지 순식간에 한 그릇을 비웠죠. 덕분에 주혁이도 아빠를 따라 솥밥은 물론 국으로 줘도 거부감 없이 잘 먹어요.

매생이는 겨울철 대표 해조류로 식이 섬유, 비타민, 미네랄을 풍부하게 함유해 아이들의 뼈와 혈액 건강을 돕고 면역 기능 유지에 도움을 줍니다. 새우는 고단백 저지방 식품으로, 성장기 영양 보충은 물론 시력 건강에 도움을 줍니다. 또 아연이 풍부해 면역 기능 유지를 돕죠.

재료

쌀 250g
해물 육수 280ml
새우 8마리
매생이 50g
양파 100g
다진 마늘 1T
올리브 오일 1T

- 세척한 냉동 매생이나 동결 건조 매생이를 사용하면 더 편리합니다.
- 매생이 대신 감태를 사용해도 좋아요.
- 당근, 버섯, 애호박 등 자투리 채소를 활용해도 좋습니다.
- 해물 육수가 감칠맛이 더 좋지만 채수 또는 다시 물로 대체 가능해요.

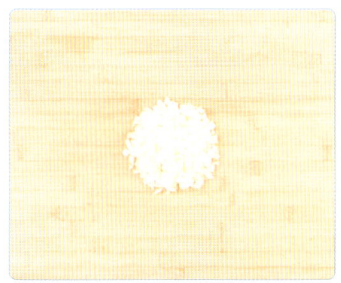

1 쌀은 깨끗이 씻어 물기를 빼고 30분간 불린다. 양파는 잘게 다진다.

2 새우는 꼬리를 제거한 후 키친타월로 물기를 제거하고 매생이는 깨끗이 씻어 물기를 뺀다.

★ 물기를 꼼꼼하게 제거해야 비린 맛이 나지 않아요.

3 솥에 올리브 오일, 다진 마늘을 넣고 약불에서 볶다 향이 올라오면 새우를 겉면만 익힌 후 덜어낸다.

★ 촉촉한 식감을 위해 뜸 들일 때 마저 익힙니다.

4 솥에 불린 쌀, 매생이, 양파, 해물 육수를 넣고 뚜껑을 연 채 중불에서 끓기 시작하면 바닥까지 저어준다.

5 뚜껑을 닫고 약불에서 15분간 끓인 후 불을 끄고 볶은 새우를 넣은 다음 10분간 뜸 들인다.

★ 새우를 뜸 들일 때 넣으면 식감이 부드러워요.

자연의 영양 가득한 초간단 솥밥
새우 연근 솥밥

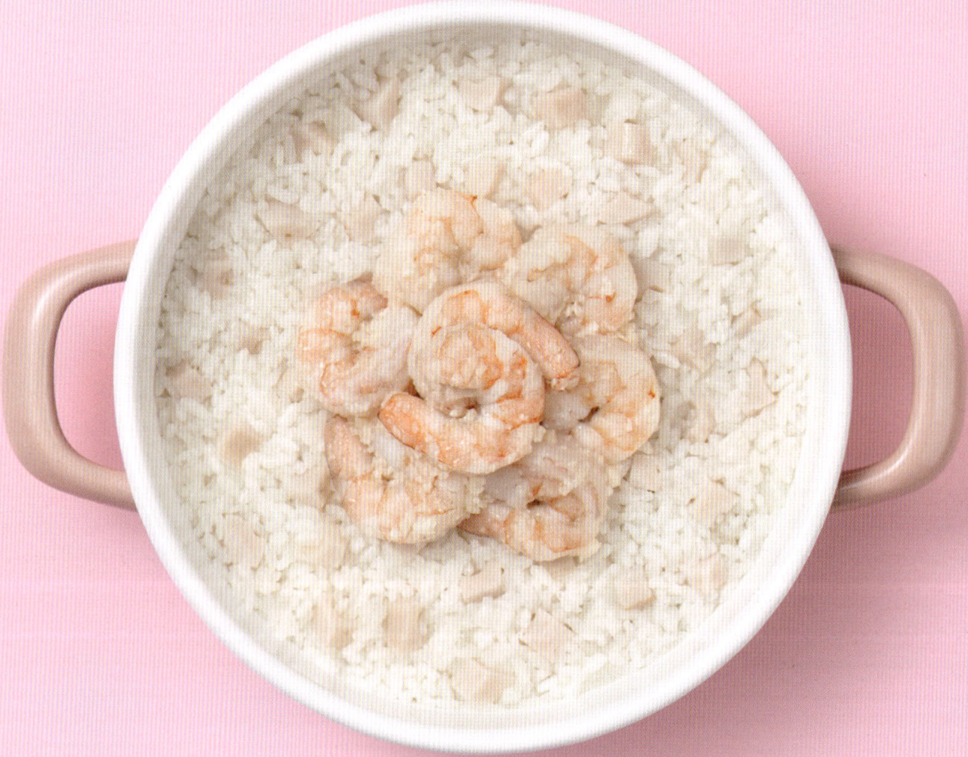

연근은 몸에 좋은 식재료지만 그다지 좋아하지 않아 자주 사용하지 않았어요. 그러다 아이를 낳고 다양한 재료로 건강하게 챙겨주고 싶어 열심히 공부한 끝에, 연근과 궁합이 좋은 재료를 찾게 되었어요. 솥밥에 연근을 잘게 다져 넣으면 새우의 고소한 맛과 연근의 부드럽고 달콤한 감칠맛에 부드러운 식감까지 더해 밥태기 아이도 잘 먹어요.

새우의 단백질은 뼈와 근육 발달을 돕고, 연근의 철분은 혈액 건강에 도움을 주죠. 또 연근의 식이섬유가 소화까지 도와줍니다.

재료

쌀 250g
해물 육수 280ml
새우 8마리
연근 100g
양파 100g
다진 마늘 1T
올리브 오일 1T

 TIP
- 연근은 아삭한 식감이 특징이지만, 좀 더 부드러운 식감을 원한다면 연근을 얇게 썰어 찜기에 10분, 또는 끓는 물에 8~10분 익혀서 넣으면 좋아요.
- 흙 묻은 연근 사용 시 깨끗이 씻어 껍질을 벗긴 후 다지면 손쉽게 손질할 수 있습니다. 흙이 묻은 상태로 신문지나 종이에 싸서 서늘하고 어두운 곳에 보관하면 수분 증발을 방지하고 신선도 유지에 도움이 됩니다.
- 연근 대신 우엉을 활용해도 좋고 당근, 애호박, 버섯 등 자투리 채소를 활용해도 좋습니다.
- 해물 육수가 감칠맛이 더 좋지만 채수 또는 다시 물로 대체 가능해요.

1 쌀은 깨끗이 씻어 물기를 빼고 30분간 불린다. 연근은 작게 깍둑 썰고 양파는 다진다. 새우는 꼬리를 제거한 후 키친타월로 물기를 제거한다.
★ 물기를 꼼꼼하게 제거해야 비린 맛이 나지 않아요.

2 끓는 물에 연근을 넣고 2~3분간 데친 뒤 건진다.

3 솥에 올리브 오일, 다진 마늘을 넣고 약불에서 볶다 향이 올라오면 새우 겉면만 익힌 후 덜어낸다.
★ 촉촉한 식감을 위해 뜸 들일 때 마저 익힙니다.

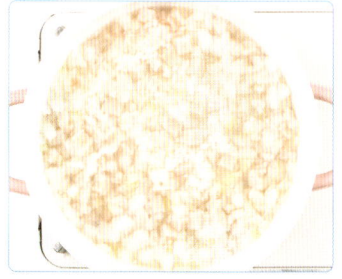

4 솥에 연근, 양파, 불린 쌀, 해물 육수를 넣고 뚜껑을 연 채 중불에서 끓기 시작하면 바닥까지 저어준다.

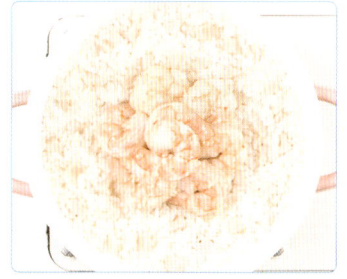

5 뚜껑을 닫고 약불에서 15분간 끓인 후 불을 끄고 새우를 넣은 다음 10분간 뜸들인다
★ 새우는 마지막에 뜸 들일 때 넣으면 식감이 부드러워져요.

새우 편식 해결을 위한 완벽한 레시피!
새우 애호박 완자

새우는 다양한 요리에 잘 어울리지만, 특유의 강한 향과 조리한 후 질겨지는 식감 때문에 싫어하는 아이들이 많아요. '어떻게 하면 아이들이 새우를 잘 먹을까?'라는 고민 끝에 떠오른 해결책은 바로 새우 애호박 완자였습니다. 새우를 다져 달콤하고 부드러운 애호박과 함께 동글동글하게 만들어 찜기에 쪄주니 주혁이와 주혁이 친구들이 서로 더 먹으려고 쟁탈전을 벌여 한바탕 크게 웃었어요. 새우의 감칠맛과 애호박의 달콤한 맛이 서로를 보완해주며 더욱 깊은 맛을 냅니다.

 새우는 고단백, 저지방 해산물로 단백질, 오메가3 지방산, 비타민 B군, 철분이 풍부합니다. 애호박은 식이 섬유, 비타민 A·C, 칼륨이 풍부해 소화 건강, 면역 기능 유지를 돕습니다.

재료

새우 100g
애호박 70g
양파 30g
찹쌀가루 1/2T

 TIP

- 애호박, 양파는 볶은 후 식혀 새우와 반죽하면 더 감칠맛이 좋아요.
- 면보가 없을 경우 찜기 바닥에 올리브 오일을 살짝 바르면 달라붙지 않아요.
- 식힌 후 소분해 냉동 보관해도 좋아요. 물을 소량 넣고 전자레인지에 1~2분 정도 돌려주면 영양 만점 반찬이 완성됩니다.

초간단 완자탕

1 채수 500ml를 끓인 후 완자 4개를 넣고 5~8분간 끓인다.
2 달걀 1개를 풀어 넣어 마무리한다.
★ 기호에 따라 간장이나 소금을 추가해도 좋아요.

1 애호박과 양파는 잘게 다진다. 새우는 꼬리를 제거한 후 키친타월로 물기를 제거하고 잘게 다진다.

★ 초퍼를 사용해도 좋아요.

2 볼에 애호박, 양파, 새우, 찹쌀가루를 넣어 반죽하고 먹기 좋은 크기로 동그랗게 빚는다.

★ 원하는 농도에 따라 찹쌀가루 양을 조절하세요.

3 찜기에 젖은 면보를 깔고 물이 끓어오르면 완자를 넣어 중불에서 10분간 익힌 다음 불을 끄고 10분간 뜸 들인다.

★ 뜸 들이는 과정에서 속까지 부드럽고 촉촉하게 익어요.

편식을 한 방에 잡는 첨가물 0% 엄마표 어묵

수제 어묵

매번 생선을 찌거나 굽고, 솥밥으로 만들어주다 보면 반복된 질감에 아이들이 질릴 수도 있어요. 그래서 다양한 방법으로 생선을 주고 싶어 어묵을 만들었습니다. 주혁이는 물론 SNS에서 생선이나 새우를 싫어하는 아이들도 잘 먹는다는 소문난 레시피가 되었어요. 생선 편식을 해결하려면, 생선 맛과 질감에 부담을 갖지 않게 해야 합니다. 새우와 두부를 넣어 반죽하면 새우의 감칠맛과 두부의 담백소한 맛이 생선의 비린내를 잡아주어, 아이들이 쉽게 먹을 수 있어요.

생선은 단백질, 비타민 B군, 오메가3 지방산이 풍부해 뇌 발달에 도움을 줍니다. 새우는 단백질과 비타민 B_{12}, 셀레늄이 풍부해 면역 기능 유지는 물론 항산화 작용을 통해 세포 건강에 도움이 됩니다. 두부는 식물성 단백질과 칼슘, 철분, 이소플라본이 풍부해 뼈 건강과 성장 발달에 도움을 줍니다.

재료

가자미 필레(순살) 70g
새우 100g
두부 100g
당근 50g
양파 50g
애호박 50g
다진 마늘 1T
찹쌀가루 1T

 TIP

- 가자미 외에 대구, 옥돔 등 흰 살 생선을 사용해도 좋아요.
- 찹쌀가루는 감자 전분으로 대체해도 됩니다. 쌀가루는 텁텁해서 추천하지 않아요.
- 면보가 없을 경우, 찜기 바닥에 올리브 오일을 살짝 발라 반죽을 올리면 달라붙지 않아요.
- 찐 어묵은 한 김 식힌 후 냉동 보관하면 좋으며, 10일 이내에 먹는 것을 권장합니다.

초간단 어묵탕

1. 채수 300ml, 무 10g, 다진 마늘 1/2T을 넣고 끓어오르면 어묵 4개를 넣고 5~8분간 끓인다.
2. 달걀 1개, 들깻가루 1T을 넣어 마무리한다.

1 당근, 양파, 애호박은 잘게 다진다. 가자미 필레, 새우는 키친타월로 물기를 제거한 후 잘게 다진다.
★ 초퍼를 사용해도 좋아요.

2 기름을 두르지 않은 팬에 두부를 으깨 넣어 중약불에서 고슬고슬하게 볶는다.
★ 수분이 최대한 사라지도록 볶으세요.

3 볼에 다진 마늘, 당근, 양파, 애호박, 두부를 넣고 섞은 후 완전히 식힌다.

4 다진 가자미, 새우를 넣고 반죽한 후 냉장고에 넣어 30분간 숙성시킨다.

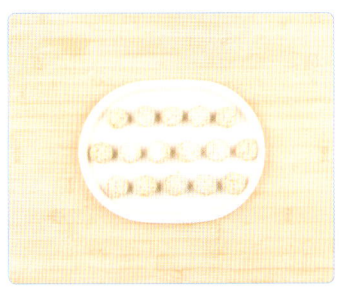

5 냉장고에서 꺼낸 반죽을 먹기 좋은 크기로 동그랗게 빚고 찹쌀가루를 뿌린 접시에 겉면만 살짝 굴린다.

6 찜기에 젖은 면보를 깔고 물이 끓어오르면 완자를 넣어 중불에서 10분간 익힌 다음 불을 끄고 10분간 뜸 들인다.
★ 뜸 들이는 과정에서 속까지 부드럽고 촉촉하게 익어요.

PART 4

사계절 영양을
듬뿍 섭취할 수 있는
솥밥 레시피

맛과 영양이 가장 풍부한 시기에 먹는 제철 식재료는 아이는 물론, 가족 모두에게 최고의 한 끼가 되어준답니다. 하지만 매번 어떤 식재료가 제철인지, 그걸 어떻게 요리해야 할지 고민되는 게 현실이죠. 특히 육아로 바쁜 와중엔 더더욱 어려운 일이기도 해요. 그래서 봄·여름·가을·겨울, 사계절 대표 제철 재료를 활용한 솥밥 레시피를 담았어요. 레시피를 따라 하기만 하면 간단한 조리법으로도 재료 본연의 맛을 살릴 수 있고, 아이도 맛있게 먹을 수 있는 영양 솥밥이 완성됩니다. 계절마다 달라지는 솥밥으로 아이와 함께 각각의 계절을 느끼고 추억을 쌓아가는 시간이 되길 바랍니다.

나물도 잘 먹게 해주는 솥밥 끝판왕
냉이 소고기 솥밥

봄 하면 가장 먼저 떠오르는 건 추운 겨울을 이겨내고 땅을 뚫고 올라오는 봄나물이죠. 싱그러운 계절의 기운을 머금은 초록색 냉이, 머위, 쑥은 생명력과 영양을 품은 봄의 선물 같아요. 특히 시어머님이 건강한 계절 밥상에 정말 진심인데, 봄만 되면 나물에 대한 사랑이 넘쳐 냉이, 머위, 쑥을 직접 캐러 다니실 정도예요. 그런 정성이 듬뿍 담긴 나물을 찌개, 전, 무침으로 다양하게 해줬지만, 나물 향이 너무 강해서인지 아이가 잘 안 먹더라고요. 그러다 소고기 솥밥에 냉이를 조금 넣어줬더니 너무 잘 먹었어요. 냉이의 씁쓸한 향이 중화되고, 소고기의 고소함과 감칠맛이 냉이의 풍미를 부드럽게 감싸주는 덕에 아이들이 잘 먹어서 많은 엄마들이 깜짝 놀란 레시피예요.

 냉이의 비타민 C와 베타카로틴이 소고기의 철분과 단백질 흡수율을 높여 줍니다. 또 소고기의 칼슘이 뼈를, 단백질이 근육을 튼튼하게 만들어줍니다.

재료

쌀 250g
채수 280ml
냉이 30g
다진 소고기 150g
버섯 50g(종류 무관)
양파 80g
다진 마늘 1T
올리브 오일 1T

 TIP

- 우둔살은 지방 함량이 낮고 단백질, 철분이 풍부해 추천해요. 홍두깨살, 안심으로 대체 가능해요.
- 냉이는 찬물에 10분 이상 담가 흙을 제거한 후 여러 번 씻어 헹구세요. 손질된 냉이를 구입하면 더 편리합니다. 아이가 향에 민감하다면 냉이는 소량으로 넣어 적응시켜주세요.
- 먹기 전 깨, 참기름을 넣으면 더 고소합니다.
- 고기를 처음부터 쌀과 함께 끓이면 고기의 감칠맛이 살아나고 약불로 조리할 때 넣으면 좀 더 담백해요.

1 쌀은 깨끗이 씻어 물기를 빼고 30분 이상 불린다. 버섯, 양파는 잘게 다진다.

2 냉이는 뿌리와 잎 사이를 칼등으로 살살 긁어낸 다음 뿌리와 함께 잘게 썬다.

3 솥에 올리브 오일, 양파, 다진 마늘을 넣고 약불에서 볶다가 향이 올라오면 다진 소고기를 넣은 후 핏기가 사라질 때까지 볶는다.

4 솥에 불린 쌀, 냉이, 버섯, 채수를 넣고 뚜껑을 연 채 중불에서 끓기 시작하면 바닥까지 저어준다.

5 뚜껑을 닫고 약불에서 15분간 끓인 후 불을 끄고 10분간 뜸 들인다.

너무 잘 먹어서 더 넣을걸 하고 후회한 레시피
냉이 관자 솥밥

해산물은 아무래도 손질과 비린내 걱정 때문에 자주 안 해주게 되더라고요. 하지만 관자는 별다른 손질이 필요 없고 냉이와도 정말 잘 어울려요. 기 버터에 살짝 볶아 솥밥으로 해주면 관자의 은은한 달콤함과 부드러운 식감, 은은한 냉이 향이 어우러져 매력적인 솥밥이 됩니다. 주혁이가 무려 두 그릇이나 뚝딱했어요. "냉이 더 넣을걸" 하고 후회할 만큼 잘 먹어서 SNS에 공유했더니 역시 후기가 폭발했죠. 아이에게 봄의 영양이 가득한 냉이 솥밥을 선물하세요.

냉이는 철분, 칼슘, 비타민 C가 풍부해 면역 기능 유지에 도움을 줘 성장기 아이들에게 꼭 필요한 채소예요. 관자는 고단백, 저지방 해산물로 타우린과 비타민 B_{12}가 풍부해 피로 해소와 뇌 발달에 도움을 줍니다.

재료

쌀 250g
채수 280ml
냉이 30g
관자 100g
버섯 50g(종류 무관)
양파 80g
다진 마늘 1T
기 버터 1T

 TIP

- 냉이는 찬물에 10분 이상 담가 흙을 제거한 후 여러 번 씻어 헹구세요. 손질된 냉이를 구입하면 더 편리합니다. 아이가 향에 민감하다면 냉이는 소량으로 넣어 적응시켜주세요.
- 손질된 관자를 구입하면 별도의 손질이 필요 없어 편하게 조리할 수 있어요.
- 관자를 넣은 솥밥은 냉동한 후 다시 데우면 맛이 변질될 수 있어요. 되도록 당일 소진하세요.
- 감자, 버섯, 당근, 애호박 등 자투리 채소를 활용해도 좋아요.

1 쌀은 깨끗이 씻어 물기를 빼고 30분 이상 불린다. 관자는 먹기 좋게 썰고 버섯과 양파는 잘게 다진다.

2 냉이는 뿌리와 잎 사이를 칼등으로 살살 긁어낸 다음 뿌리와 함께 잘게 썬다.

3 솥에 기 버터, 양파, 다진 마늘을 넣고 약불에서 볶다 향이 올라오면 관자를 넣고 살짝 볶은 후 덜어낸다.

★ 촉촉한 식감을 위해 뜸 들일 때 마저 익힙니다.

4 솥에 불린 쌀, 냉이, 버섯, 채수를 넣고 뚜껑을 연 채 중불에서 끓기 시작하면 바닥까지 저어준다.

5 볶은 관자를 넣고 뚜껑을 닫고 약불에서 15분간 끓인 다음 불을 끄고 10분간 뜸 들인다.

★ 관자를 뜸 들일 때 넣으면 식감이 부드러워요.

밥태기 해결사, 감자와 취나물의 환상 궁합
취나물 감자 솥밥

솥밥을 하면서 깨달은 건, 감자만큼 편식과 밥태기 극복에 좋은 재료가 없다는 거예요. 이제는 쌀만큼 꼭 필요한 만능 식재료가 되었죠. 특히 향이 강한 나물과 감자를 넣어 솥밥을 지으면 밥 전체가 부드러워지고 향도 은은해져서 아이들의 거부감도 줄어들어요. 취나물은 물론 다른 나물로도 도전해보세요. 성장기 아이에게 꼭 필요한 봄철 보약 같은 솥밥을 선물해줄 수 있어요.

 감자의 비타민 C는 아이들의 면역 기능 유지에 도움을 주고 식이 섬유가 풍부해 소화를 도와주고 장 건강에 유익해요. 또 취나물엔 폴리페놀, 철분, 칼슘 등 항산화와 성장에 좋은 성분이 풍부해 성장기 아이에게 꼭 필요한 보약 같은 한 끼를 완성하죠.

재료

쌀 200g
다시 물 280ml
취나물 100g
감자 120g
버섯 50g(종류 무관)
양파 80g
다진 마늘 1T
올리브 오일 1T
들기름 1T

 TIP
- 건취나물은 불리는 데 시간이 많이 걸리니, 생취나물 또는 데친 취나물을 추천해요. 생취나물은 찬물에 10분 이상 담가 흙을 제거한 후 여러 번 씻어 헹구세요.
- 취나물 대신 참나물, 감자 대신 고구마를 활용해도 좋습니다.
- 먹기 전 간 깨, 참기름 또는 들기름을 넣으면 맛과 풍미가 배가돼요.

1 쌀은 깨끗이 씻어 물기를 빼고 30분 이상 불린다. 감자는 작게 깍둑 썰고 버섯은 잘게 썰고 양파는 다진다.

2 취나물은 끓는 물에 2~3분간 데친 후 찬물에 씻어 손으로 물기를 꽉 짜낸 다음 잘게 다져 들기름을 넣어 버무린다.

★ 솥밥은 발열점이 높지 않아 들기름을 사용해도 안전해요.

3 솥에 올리브 오일, 양파, 다진 마늘을 넣고 약불에서 볶는다. 향이 올라오면 불린 쌀, 감자, 버섯, 다시 물을 넣고 뚜껑을 연 채 중불에서 끓기 시작하면 바닥까지 저어준다.

4 버무려둔 취나물을 넣고 뚜껑을 닫은 후 약불에서 15분간 끓인 다음 불을 끄고 10분간 뜸 들인다.

4월에 꼭 먹어야 하는 온 가족 별미
미나리 소고기 솥밥

아이에게 이 계절의 향과 맛을 어떻게 경험하게 해줄까 고민하다 소고기 솥밥에 미나리를 넣었더니, 너무 잘 먹어서 깜짝 놀랐어요. SNS에 공유했더니 아이에게 봄의 맛을 느끼게 해줄 수 있어 좋고, 아이가 너무 잘 먹는다는 메시지를 정말 많이 받았어요. 미나리는 한 단을 사면 양이 많아 다 못 먹고 버리기 일쑤인데, 솥밥에 넣고 나머지는 초무침 해서 밥이랑 비벼 먹으니 온 가족이 즐기는 별미가 되었어요.

미나리는 비타민 C, 베타카로틴, 칼슘, 식이 섬유가 풍부해 면역 기능 유지에 도움을 줍니다. 소고기는 철분, 단백질, 아연이 풍부해 성장기 아이들의 근육 형성과 영양 보충에 꼭 필요한 식재료입니다. 특히 미나리에 풍부한 비타민 C와 소고기의 철분은 함께 섭취했을 때 체내 흡수율이 더욱 높아져 좋은 철분 공급원이 되죠. 또 미나리의 식이 섬유와 소고기의 단백질 조합은 장 건강과 포만감을 유지해줘 아이들의 소화에도 좋고, 에너지 유지에도 도움을 줘요.

재료

쌀 250g
채수 280ml
미나리 줄기 50g
우둔살 150g
양파 80g
다진 마늘 1T
올리브 오일 1T

 TIP

- 미나리는 소량으로 시작해 점차 늘려도 좋아요. 한번 데쳐서 넣으면 맛과 향이 약해져서 적응시키기 좋아요. 더 연하고 맛있는 4월의 미나리를 추천해요.
- 미나리 잎파리는 익으면 질감이 질겨지거나 질척해지기 쉬워요. 아이가 뱉어낼 수 있기 때문에 줄기만 사용합니다.
- 넉넉하게 씻어 이파리 및 남은 미나리는 초장 3T + 다진 마늘 1T + 설탕 1/2T + 참기름 약간 + 통깨 약간을 넣어 무친 후 솥밥에 넣고 비벼 먹으면 별미예요.
- 당근, 애호박, 버섯 등 자투리 채소를 활용해도 좋아요.

1 쌀은 깨끗이 씻어 물기를 뺀 후 30분 이상 불린다. 양파는 다지고 미나리는 잎은 제거하고 줄기만 잘게 썬다.

2 솥에 올리브 오일, 다진 마늘, 양파를 넣고 약불에 볶아 향이 올라오면 소고기를 넣고 핏기가 없어질 때까지 볶는다.

3 솥에 불린 쌀, 채수를 넣고 뚜껑을 연채 중불에서 끓기 시작하면 약한 불로 줄인 후 바닥까지 저어준다.

4 뚜껑을 닫고 약한 불에서 15분간 끓인 후 불을 끄고 썰어둔 미나리를 넣은 다음 10분간 뜸 들인다.

생각보다 훨씬 더 맛있어서 대박 난 레시피
곤드레 오징어 솥밥

저희 집 밥상에 일주일에 1~2번은 꼭 등장하는 단골 솥밥 재료가 곤드레입니다. 감자, 소고기, 고등어 등 다양한 조합으로 즐기죠. 어느 날 오징어를 넣어봤더니 오징어의 깊은 풍미와 감칠맛, 쫄깃한 식감이 곤드레의 구수한 맛과 어우러져 정말 맛있더라고요. 밥 한 숟갈 먹자마자 주혁이는 물론 온 가족 눈이 휘둥그레졌답니다. 나물 싫어하는 아빠들도 잘 먹을 거예요.

 곤드레는 식이 섬유, 칼슘, 항산화 성분이 풍부해 성장기 아이에게 좋습니다. 오징어는 저지방 고단백 식품으로 근육 발달, 면역 기능 유지에 도움을 줘요.

재료

쌀 250g
다시 물 300ml
삶은 곤드레 100g
손질 오징어(몸통 부분) 150g
갈색 팽이버섯 50g
양파 80g
다진 마늘 1T
올리브 오일 1T

- 마트에서 먹물, 내장 등을 손질해 판매하는 오징어를 활용하면 더욱 편해요. 손질되지 않은 오징어를 사용한다면 껍질은 질겨서 소화에 부담을 줄 수 있으니, 모두 벗기세요. 냉동 오징어는 끓는 물에 식초 1t을 넣고 1분 이내로 짧게 데친 후 한 김 식혀 사용하세요.
- 곤드레는 삶은 것 또는 동결 건조 제품을 추천해요.
- 건곤드레 사용 시 10g 정도를 물에 푹 담가 3~4시간 불린 후 찬물에 헹궈 물 1L를 부은 냄비에 넣습니다. 그런 다음 뚜껑을 덮고 30분간 푹 삶은 후 불을 끄고 30분간 그대로 둡니다. 줄기 쪽을 눌러보고 부드럽게 눌러지면 건져내 찬물로 헹구고 물기를 제거하세요. 덜 부드럽다면 뚜껑을 덮은 채 30분 더 불려주세요.

1 쌀은 깨끗이 씻어 물기를 빼고 30분간 불린다. 삶은 곤드레, 갈색 팽이버섯은 먹기 좋게 썰고 양파는 잘게 다진다.

2 오징어는 껍질을 제거하고 먹기 좋게 썬다.

3 솥에 올리브 오일, 양파, 다진 마늘을 넣고 약불에서 볶다가 향이 올라오면 오징어를 넣고 살짝 볶은 후 덜어낸다.

4 솥에 버섯, 곤드레, 불린 쌀, 다시 물을 넣고 뚜껑을 연 채 중불에서 끓기 시작하면 바닥까지 저어준다.

5 볶은 오징어를 넣고 뚜껑을 닫고 약한 불에서 15분간 끓인 다음 불을 끄고 10분간 뜸 들인다.

★ 오징어를 뜸 들일 때 넣으면 식감이 부드러워져요.

곤드레 품절 대란까지 일으킨 레시피
곤드레 감자 솥밥

아이에게 늘 똑같은 식재료만 먹이는 것 같아 고민하던 중, 손질이 다 되어 있어 불릴 필요 없는 동결 건조 곤드레를 발견했어요. 밥 지을 때 한 봉 뜯어 넣기만 하면 끝이니 너무 간편해서 그날 이후 저희 집 단골 솥밥 메뉴로 일주일에 두 번 이상은 꼭 등장하게 되었죠. 곤드레는 향이 조금 강해서 주혁이가 거부하지 않을까 걱정했는데, 달콤하고 부드러운 감자를 함께 넣어 만들어주니 너무 잘 먹더라고요. SNS에 공유했더니 아이들이 잘 먹는다고 소문나 곤드레 품절 대란까지 일으킨 인기 폭발 메뉴가 되었어요.

 곤드레는 식이 섬유, 칼슘, 철분이 풍부해 뼈 건강과 면역 기능 유지에 도움을 줍니다. 감자의 비타민 C는 철분 흡수율을 높여주며 칼륨, 식이 섬유가 많아 소화 건강에도 좋습니다.

재료

쌀 200g
다시 물 230ml
삶은 곤드레 100g
감자 120g
양파 80g
다진 마늘 1T
올리브 오일 1T

 TIP

- 곤드레는 삶은 것 또는 동결 건조 제품을 추천해요.
- 건곤드레 사용 시 10g 정도를 3~4시간 동안 물에 푹 담가 불린 후, 찬물에 헹궈 냄비에 넣은 다음 물 1L를 붓고 뚜껑을 덮어 30분간 푹 삶은 후 불을 끄고 30분간 둡니다. 줄기 쪽을 눌러 부드럽게 눌러지면 건져내 찬물로 헹구고 물기를 빼주세요. 덜 부드러워졌다면 뚜껑을 덮은 채 30분 더 불립니다.

1 쌀은 깨끗이 씻어 물기를 빼고 30분 이상 불린다. 감자는 작게 깍둑 썰고 삶은 곤드레는 잘게 썰고 양파는 잘게 다진다.

2 솥에 올리브 오일, 다진 마늘, 양파를 넣고 약불에서 볶는다. 향이 올라오면 감자, 곤드레, 다시 물, 불린 쌀을 넣고 뚜껑을 연 채 중불에서 끓기 시작하면 바닥까지 저어준다.

3 뚜껑을 닫고 약불에서 15분간 끓인 후 불을 끄고 10분간 뜸 들인다.

고소함의 정점, 감칠맛 폭발하는 한 그릇
고사리 들깨 솥밥

고사리, 좋아하시나요? 저는 고사리 나물, 고등어 조림, 육개장까지 고사리를 넣은 건 뭐든 좋아할 정도로 '고사리 러버'예요. 그래서 아이에게 이 맛을 꼭 경험하게 해주고 싶다는 생각이 들더라고요. 하지만 손질하기 워낙 까다롭고 복잡해서 고민이었죠. 그래서 어느 때든 아이에게 고사리의 영양을 전달할 수 있도록 헹구기만 하면 바로 쓸 수 있는 삶은 고사리 제품을 사용했어요. 여기에 고소한 들깻가루까지 더하면 고사리 특유의 깊고 진한 감칠맛과 들깨의 부드럽고 고소한 풍미가 만나 밥태기를 겪거나 이앓이 하는 아이도 한 그릇 뚝딱합니다.

 들깨는 식이 섬유, 칼슘, 철분, 불포화지방산과 비타민 E까지 풍부해 성장기 아이에게 좋은 식품이에요. 들깨의 불포화지방산이 고사리 속 지용성 영양소 흡수에 도움을 줘 찰떡궁합을 이룹니다.

재료

쌀 250g
다시 물 280ml
삶은 고사리 120g
다진 마늘 1T
들깻가루 2T
올리브 오일 1T

- 고사리 양은 취향에 따라 가감해도 좋아요.
- 먹기 전에 들기름, 간 깨를 넣으면 풍미가 살아나요.
- 볶아둔 다진 소고기나 닭 안심을 뜸 들일 때 올리면 한층 더 든든한 솥밥이 완성돼요. 버섯까지 넣으면 식감과 감칠맛이 더 풍부해져요.

1 쌀은 깨끗이 씻어 물기를 뺀 다음 30분 이상 불린다. 삶은 고사리는 먹기 좋게 썬다.

2 볼에 고사리와 다진 마늘을 넣고 버무린다.

3 솥에 올리브 오일, 버무린 고사리를 넣고 약불에서 살짝 볶는다.

4 불린 쌀, 다시 물을 넣고 뚜껑을 연 채 중불에서 끓기 시작하면 바닥까지 저어준다.

5 뚜껑을 닫고 약한 불에서 15분간 끓인 후 불을 끄고 들깻가루를 넣은 다음 10분간 뜸 들인다.

구수함과 달콤함이 어우러진 속 편한 한 끼
시래기 고구마 솥밥

다들 찬 바람이 불기 시작하면 생각나는, 따뜻하고 속 편한 소울 푸드가 하나쯤 있을 거예요. 저에겐 구수한 시래기와 포근한 고구마를 넣은 시래기 고등어 조림이에요. 그래서 문득 이 조합이 솥밥에도 어울리겠다 싶었죠. 고구마의 단맛이 시래기의 구수함과 어우러져 주혁이가 평소엔 좋아하지 않던 시래기까지 잘 먹더라고요. SNS에서도 '우리 아이가 시래기를 이렇게 잘 먹다니!' 하는 후기가 정말 많았습니다.

 시래기는 식이 섬유, 칼슘, 비타민 A, 항산화 성분이 풍부해 뼈 건강과 면역 기능 유지에 도움을 줍니다. 고구마의 식이 섬유, 비타민 C는 장 건강을 돕고, 복합 탄수화물이 천천히 소화·흡수되어 포만감을 오래 유지하는 데 도움을 줍니다.

재료

쌀 200g
다시 물 230ml
삶은 시래기 100g
고구마 1개(120g)
양파 80g
다진 마늘 1T
들기름 1T
올리브 오일 1T

- 삶은 시래기나 동결 건조 제품을 사용하면 바로 조리 가능해 편리해요.
- 마른 시래기는 끓는 물에 시래기 밑동부터 넣어 뚜껑을 닫고 20분 정도 삶은 후, 4시간 정도 불려 찬물에 3~4번 헹군 다음 물기를 뺍니다. 밑동은 가위로 자르고, 시래기 껍질을 벗기면 부드럽게 조리할 수 있어요.
- 고구마 대신 감자를 넣어도 좋아요.

1 쌀은 깨끗이 씻어 물기를 빼고 30분 이상 불린다. 삶은 시래기는 잘게 썰고, 고구마는 작게 깍둑 썰고, 양파는 잘게 다진다.

2 볼에 시래기, 들기름을 넣고 버무린다.

3 솥에 올리브 오일, 다진 마늘, 양파를 넣고 약불에서 볶는다. 향이 올라오면 시래기, 고구마, 다시 물, 불린 쌀을 넣고 뚜껑을 연 채 중불에서 끓기 시작하면 바닥까지 저어준다.

4 뚜껑을 닫고 약불에서 15분간 끓인 다음 불을 끄고 10분간 뜸 들인다.

아이가 마늘종을 너무 잘 먹어서 온 가족이 깜짝 놀라는 레시피

마늘종 돼지고기 솥밥

마늘종이 몸에 좋은 건 알고 있었지만, 아이에게 어떻게 먹여야 할지 몰라 매번 그냥 지나쳤다는 분들이 많았어요. 제 마늘종 솥밥 레시피를 소개했더니 '마트에서 마늘종을 처음 사봤어요!', '솥밥으로 해줬더니 아이는 물론, 남편까지 폭풍 흡입했어요'라는 후기가 많았죠. 특히 5월의 마늘종은 1년 중 가장 부드럽고 향이 은은해 아이들도 쉽게 씹을 수 있고 거부감 없이 잘 먹어요. 여기에 밥의 따뜻한 감칠맛까지 더해져 편식 심한 아이도 부담 없이 완밥하는, 영양과 맛의 시너지 솥밥이 완성됩니다.

 마늘종의 알리신은 돼지고기 특유의 잡내를 없애줍니다. 돼지고기의 비타민 B군은 에너지 생성을 돕고 성장기 영양 보충에 좋습니다.

재료

쌀 250g
다시 물 280ml
마늘종 100g
다진 돼지고기 150g
양파 80g
대파 30g
다진 마늘 2T
올리브 오일 1T

- 가장 부드럽고 향이 강하지 않은 5월의 마늘종을 추천합니다. 이 시기가 지나면 마늘종이 질겨져서 아이가 거부할 수 있어요.
- 아이가 마늘종을 처음 먹거나 식감과 색감에 민감하다면, 더 잘게 썰어 소량으로 넣어주세요.
- 먹기 전 참기름, 간 깨를 넣으면 풍미가 더 좋아져요.

1 쌀은 깨끗이 씻어 물기를 빼고 30분 이상 불린다. 마늘종은 먹기 좋게 썰고 대파와 양파는 다진다.

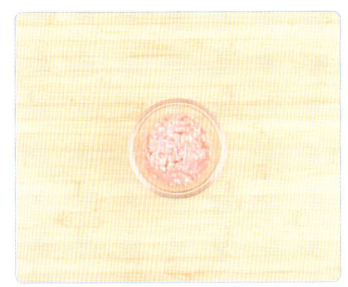

2 볼에 다진 돼지고기, 다진 마늘을 넣어 버무려 10분간 둔다.

3 솥에 올리브 오일, 대파, 양파를 넣고 약불에서 볶다가 향이 올라오면 돼지고기를 넣고 볶는다.

4 기름이 나오면 마늘종을 넣고 돼지고기의 핏기가 사라질 때까지 볶은 후 덜어낸다.

5 솥에 불린 쌀, 다시 물을 넣고 뚜껑을 연 채 중불에서 끓기 시작하면 바닥까지 저어준다.

6 볶은 돼지고기를 넣고 뚜껑을 닫고 약불에서 15분간 끓인 다음 불을 끄고 10분간 뜸 들인다.

초록색 편식을 해결하는 달콤한 완두콩
완두콩 솥밥

이유식을 할 때 검정콩을 하루 종일 불려 껍질 까느라 밤새 고생했는데, 주혁이에게 단번에 거절당한 기억이 생생해요. 한동안 콩은 쳐다보기도 싫었죠. 하지만 완두콩은 불리고 껍질을 제거할 필요도 없는 식재료라는 거, 알고 계셨나요? 여름의 영양을 듬뿍 머금은 완두콩을 솥밥에 넣었더니 제가 먹어도 맛있고, 주혁이도 너무 잘 먹었어요. 신이 나서 잔뜩 사와 든든하게 소분해둔 추억이 있는 행복한 레시피입니다. 부드럽고 달큰한 맛에 초록색 편식이 심한 아이들도 잘 먹는답니다.

식이 섬유가 풍부해 소화에 좋은 완두콩은 식물성 단백질과 비타민 B군이 풍부한 식재료예요.

재료

쌀 250g
다시 물 280ml
완두콩 100g

 TIP

- 완두콩은 처음부터 넣고 익히면 흐물해지고 색도 탁해지니 뜸 들이는 중간에 넣는 게 좋아요.
- 완두콩은 냉장 보관 시 껍질째 넣은 후 3~4일 이내에 먹을 것을 권장하고, 냉동 보관 시 깨끗이 씻은 후 물기를 제거하고 소분해 보관해두면 활용도가 높습니다.
- 다시 물에 소금 한 꼬집을 넣어주면 완두콩의 풍미가 더욱 살아나요.
- 자투리 채소를 활용해도 좋아요.

1 쌀은 깨끗이 씻어 물기를 빼고 30분 이상 불린다. 완두콩은 깨끗이 씻어 물기를 뺀다.

2 솥에 불린 쌀, 다시 물을 넣고 뚜껑을 연 채 중불에서 끓기 시작하면 바닥까지 저어준다.

3 완두콩을 넣고 뚜껑을 닫은 후 약불에서 15분 더 끓인 다음 불을 끄고 10분간 뜸 들인다.

씹을수록 달콤한 초여름의 선물
초당옥수수 솥밥

선명한 노란색이 예쁜 초당옥수수는 보기만 해도 기분이 좋아지죠. 사실 저는 옥수수를 그리 좋아하진 않지만, 솥밥으로 해 먹어보고 생각이 달라졌어요. 심지를 분리하고 잘라 알갱이와 함께 솥밥에 넣었더니, 심지에서 우러나오는 감칠맛과 쫀득한 알갱이의 식감이 좋고, 고소하면서도 달콤한 풍미가 밥과 너무 잘 어우러지더라고요. 주혁이는 물론, 저도 같이 폭풍 흡입했답니다. 초여름의 맛을 아이에게 선물해주세요.

초당옥수수는 식이섬유가 풍부해 장 건강을 돕습니다. 비타민 B군과 엽산, 항산화 성분 루테인도 풍부해 성장기 아이들의 눈 건강, 면역 기능 유지, 소화 건강까지 도와줘요.

재료

쌀 250g
다시 물 280ml
초당옥수수 2개
양파 100g
기 버터 1T

- 5~6월 제철에만 판매하는 초당옥수수는 소분해 얼려두면 활용도가 높아요. 냉동 옥수수 또는 유기농 옥수수 통조림도 추천해요. 150g 넣어주세요.
- 찰옥수수 활용 시 알갱이가 단단하므로 한번 찐 후 넣으면 좋아요.
- 심지에서 감칠맛이 나오니 다시 물이 없다면 맹물로 밥을 지어도 괜찮아요.
- 남은 옥수수는 양파 등 자투리 채소와 달걀물을 넣어 옥수수 전으로 만들어도 별미입니다.

1 쌀은 깨끗이 씻어 물기를 빼고 30분 이상 불린다. 초당옥수수는 칼로 심지를 분리하고 양파는 잘게 다진다.

2 솥에 기 버터, 양파를 넣고 약불에서 볶다 향이 올라오면 불린 쌀을 넣고 한번 더 살짝 볶는다.

★ 수분이 많은 재료를 사용할 때는 쌀을 볶아 수분을 날려요.

3 초당옥수수 심지와 알갱이, 다시 물을 넣고 뚜껑을 연 채 중불에서 끓기 시작하면 바닥까지 저어준다.

4 뚜껑을 닫고 약불에서 15분간 끓인 후 불을 끄고 10분간 뜸 들인다.

가을이면 가장 먼저 떠오르는 따뜻한 추억 한 그릇
밤 솥밥

전 가을 하면 제일 먼저 떠오르는 게 밤이에요. 어릴 적, 부모님이 한 솥 가득 밤을 쪄 오시면 온 가족이 옹기종기 모여 앉아 작은 티스푼으로 속을 파내 입에 넣던 따뜻한 풍경이 아직도 생생하게 기억에 남아 있답니다. 이 따뜻함이 아이에게도 전해지면 좋겠더라고요. 밤은 그 자체로도 달고 부드러워 아이들도 잘 먹는 재료 중 하나예요. 특히 아이가 아프고 난 뒤 식욕이 떨어졌을 때 밥과 함께 지어주면 은은한 단맛이 입맛을 살려줘 고마운 식재료입니다. 거창한 조리법 없이도 밤을 하나하나 껍질 벗겨 넣고 밥을 지으면 그 자체로 계절이 담긴 한 끼가 됩니다.

밤은 식이 섬유와 천연 당분이 풍부해 소화가 잘되는 식품입니다. 비타민 C, 칼륨, 마그네슘까지 들어 있어 면역 기능 유지, 기력 보충, 정서 안정에 도움을 주죠.

재료

쌀 200g
다시 물 230ml
밤 10개

TIP
- 깐 밤을 활용하면 손쉽게 영양밥을 지을 수 있습니다.
- 당근, 양파, 버섯 등 자투리 채소를 넣어도 좋아요.

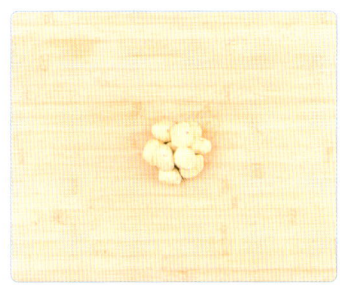

1 쌀은 깨끗이 씻어 물기를 빼고 30분 이상 불린다. 밤은 껍질을 벗긴 후 깨끗이 씻어 물기를 제거한다.

2 솥에 불린 쌀, 다시 물을 넣고 뚜껑을 연 채 중불에서 끓기 시작하면 바닥까지 저어준다.

3 깐 밤을 올리고 뚜껑을 닫은 후 약불에서 15분간 끓인 다음 불을 끄고 10분간 뜸 들인다.

1년에 단 한 번, 가을이 주는 특별한 선물
대하 솥밥

냉동 새우만 쓰다가, 가을이면 딱 한 번 만나게 되는 생물 대하. 그 순간만큼은 매년 기다려지는 진짜 제철 재료예요. 대하는 그 자체만으로도 감칠맛이 풍부하고, 탱글한 식감 덕분에 밥태기 아이도 한 그릇 거뜬히 먹게 만들죠. 솥밥에 대하를 넣으면 밥알 하나하나에 바다의 풍미가 스며들어 맛과 영양이 그대로 담긴 제철 솥밥 한 그릇이 완성됩니다. 아이에게 풍성한 가을의 추억을 선물하세요.

 대하는 단백질, 아연, 타우린, 비타민 B₁₂ 등 성장기 아이들에게 꼭 필요한 영양소가 가득합니다.

재료

쌀 250g
해물 육수 280ml
대하 10마리
양파 80g
다진 마늘 1T
기 버터 1T

- 첨가물 없는 손질 새우를 활용해도 좋아요.
- 초당옥수수나 완두콩 같은 제철 식재료를 약불에서 같이 넣어도 좋습니다(완두콩은 뜸 들이는 중간에 넣으세요).
- 남은 새우에 양파, 당근을 넣고 달걀을 풀어 새우 전을 만들어도 좋습니다.

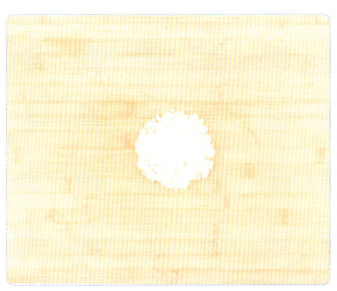

1 쌀은 깨끗이 씻어 물기를 빼고 30분 이상 불린다. 양파는 잘게 다진다.

2 대하는 머리, 꼬리를 제거한 다음 껍질을 까서 등 쪽 내장을 제거하고 키친타월로 물기를 꼼꼼하게 닦는다.

★ 물기를 꼼꼼하게 제거해야 비린 맛이 나지 않아요.

3 솥에 기 버터, 다진 마늘을 넣고 약불에서 볶다가 향이 올라오면 새우 겉면만 살짝 익힌 후 덜어낸다.

★ 촉촉한 식감을 위해 뜸 들일 때 마저 익힙니다.

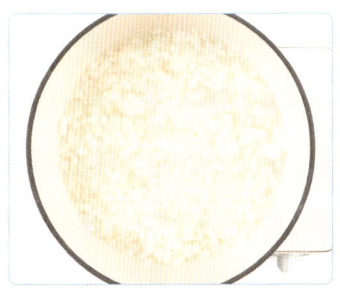

4 솥에 불린 쌀, 양파, 해물 육수를 넣고 뚜껑을 연 채 중불에서 끓기 시작하면 바닥까지 저어준다.

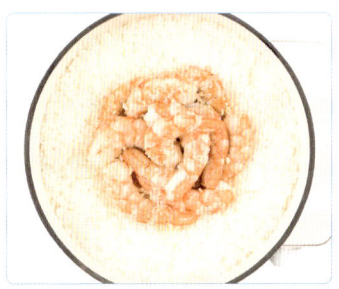

5 뚜껑을 닫고 약불에서 15분간 끓인 후 불을 끄고 볶은 새우를 넣은 다음 10분간 뜸 들인다.

★ 새우를 뜸 들일 때 넣으면 식감이 부드러워요.

세상에서 제일 쉬운 뿌리채소 활용법
뿌리채소 톳 솥밥

땅속 깊은 곳에서 자라는 뿌리채소는 영양을 머금은 자연의 보물입니다. 하지만 딱딱한 식감, 특유의 흙 냄새 때문에 안 먹는 아이들이 많더라고요. 뿌리채소 편식의 치트키는 역시 솥밥입니다. 채 썰거나 잘게 다진 뿌리채소를 솥밥에 넣으면 식감이 부드러워지고 흙 냄새가 사라져 감칠맛만 남아요. 여기에 자연 MSG, 톳까지 넣으면 뿌리채소의 고소함과 톳의 풍미가 만나 영양도 두 배, 풍미도 두 배가 됩니다.

 뿌리채소는 식이 섬유, 비타민, 미네랄이 풍부하고 몸을 따뜻하게 해주는 성질 덕분에 아이들의 면역 기능 유지와 소화 건강에 도움을 줘요. 톳은 칼슘, 철분, 식이 섬유가 풍부한 해조류로 뼈 건강, 장 건강에 도움을 줍니다.

재료

쌀 250g
다시 물 300ml
연근 80g
우엉 80g
당근 80g
양파 80g
밥 톳 1T
다진 마늘 1T
올리브 오일 1T

- 연근, 우엉, 당근 중 없는 재료는 생략해도 됩니다.
- 뿌리채소는 수분이 없어 다른 레시피와 달리 물을 20~30ml 더 넣습니다. 우엉과 톳의 풍미가 좋아 맹물로 밥을 지어도 됩니다.
- 우엉은 따로 아린 맛을 제거하지 않아도 솥에서 익는 동안 자연스럽게 빠져요.
- 아이가 식감에 예민하다면 연근은 끓는 물에 한번 데친 후 다져 넣어주세요.
- 아이가 톳 향에 익숙하지 않다면 티스푼으로 소량 넣어주세요.
- 먹기 전 간 깨, 참기름을 넣으면 풍미가 더 좋아져요.
- 다진 소고기를 볶아 뜸 들일 때 넣으면 철분, 단백질까지 챙길 수 있어요.

1 쌀은 깨끗이 씻어 물기를 빼고 30분 이상 불린다. 연근, 우엉, 당근, 양파는 잘게 다진다.

2 솥에 올리브 오일, 다진 마늘을 넣고 약불에서 볶다가 향이 올라오면 연근, 우엉, 당근, 양파를 넣고 약불에서 살짝 볶는다.

3 불린 쌀, 다시 물, 밥 톳을 넣고 뚜껑을 연 채 중불에서 끓기 시작하면 바닥까지 저어준다.

4 뚜껑을 닫고 약불에서 15분간 끓인 후 불을 끄고 10분간 뜸 들인다.

아이가 완밥하는
솥밥 유아식

초판 발행·2025년 10월 29일
초판 2쇄 발행·2025년 11월 7일

지은이·비비안밥(이지혜)
발행인·이종원
발행처·(주) 도서출판 길벗
출판사 등록일·1990년 12월 24일
주소·서울시 마포구 월드컵로10길 56(서교동)
대표전화·02)332-0931 | 팩스·02)323-0586
홈페이지·www.gilbut.co.kr | 이메일·gilbut@gilbut.co.kr

편집 팀장·민보람 | 기획 및 책임편집·방혜수(hyesu@gilbut.co.kr) | 제작·이준호, 손일순
영업마케팅·정경원, 김진영, 박민주, 류효정 | 유통 혁신·한준희 | 영업관리·김명자 | 독자지원·윤정아

디자인·말리북 최윤선, 오미인, 조여름 | 교정·이정현
사진 촬영·내부순환스튜디오 김지훈 | 푸드스타일링·마리네이드 홍지희, 홍지현, 신수진 | 영양 감수·이정원(식탁정원)
CTP 출력·인쇄·제본·상지사 피앤비

- 이 책은 저작권법의 보호를 받는 저작물로 이 책에 실린 모든 내용, 디자인, 이미지, 편집 구성은 허락 없이 복제하거나 다른 매체에 옮겨 실을 수 없습니다.
- 인공지능(AI) 기술 또는 시스템을 훈련하기 위해 이 책의 전체 내용은 물론 일부 문장도 사용하는 것을 금지합니다.
- 잘못 만든 책은 구입한 서점에서 바꿔드립니다.

ⓒ 이지혜 2025

ISBN 979-11-407-1597-8(13590)
(길벗 도서번호 020260)

정가 22,000원

독자의 1초까지 아껴주는 정성 길벗출판사
(주)도서출판 길벗 | IT단행본&교재, 성인어학, 교과서, 수험서, 경제경영, 교양, 자녀교육, 취미실용 www.gilbut.co.kr
길벗스쿨 | 국어학습, 수학학습, 어린이교양, 주니어어학, 어린이단행본, 학습단행본 www.gilbutschool.co.kr